미처야 미친다

KB192203

미쳐야 미친다

지은이 고상섭 김영한 김형민 반세호 지현호
펴낸이 임상진
펴낸곳 (주)넥서스

초판 1쇄 발행 2019년 10월 14일
초판 2쇄 발행 2019년 10월 18일

출판신고 1992년 4월 3일 제311-2002-2호
10880 경기도 파주시 지목로 5
Tel (02)330-5500 Fax (02)330-5555

ISBN 979-11-6165-794-3   03230

www.nexusbook.com

교회를 깨우는
제자훈련

미쳐야 친다

고상섭·김영한·김형민·반세호·지현호 지음

넥서스CROSS

애쓰지 않으면 '자기'라는 우물에 갇혀 살아갈 수밖에 없는 것이 사람됨의 한계이자 현실이다. 목회자도 다르지 않다. 아니 더 위험한 환경에 놓여 있다. '자기 경험', '자기 지식'이 쌓여갈수록 생각도 삶도 유연성을 잃고 완고해지는 이들을 많이 본다. 이런 이들의 말에는 '자기'만 가득하고 '대화'나 '토론'은 기대할 수 없다. 시대의 상황을 읽는 것에서나 목회의 본질을 말하는 것에서나 '자기'만 가득하다. 제자훈련에 대해 부정적으로 이야기하는 이들의 말을 살펴보면 '자기'로 가득하다. 교회의 머리이신 그리스도께서 가르치시고 본으로 보여주신 목회의 본질적 원리임에도 이런저런 까닭을 들어 부정적으로 이야기한다. 제자훈련에 관한 '자기 지식', '자기 경험'의 부족과 한계를 극복하고 해결하려 하기보다는 부정적 평가와 비난을 선택한 이들이 있다. 제자훈련의 '무용'과 '종언'을 이야기하기 전에 '자기'를 넘어 '본질'과 '현실'을 더 깊이 더 넓게 살펴야 한다. 이 책에 담긴 제자훈련에 관한 '본질'과 '현실'을 읽고 성찰해보기를 간절히 소망한다.

더불어함께교회, 《지금 당신의 인생엔 어떤 예수가 계십니까?》 저자 김건주 대표 목사

누구나 자신이 알고 싶은 내용을 검색 한 번을 통해 얻을 수 있는 세상이다. 이제 단순한 정보를 제공하는 것으로는 누군가에게 영향을 미칠 수 없다. 정보와 지식을 넘어서는 '그 무엇'을 제시하지 못하는 가르침은 본의 아니게 남의 시간만 빼앗는 짓이 되고 마는 것이다. 어설픈 전문가들은 더 이상 설 자리가 없다. 여기에 제자훈련에 긴 시간 미쳐 있었던 목사님들이 나타났다. 이 책을 정독해보면, "아, 진짜가 나타났다. 차원이 다르구나!" 하고 탄성을 쏟아내게 될 것이다. 이 책은 단순히 정보를 나열하거나, 원리적 설명을 장황하게 설명하거나, 실용성이 전혀 없는 이론만을 전개하거나, 읽어도 추상적이고 관념적인 내용밖에 남지 않는 그런 종류의 제자훈련 지침서가 아니다. 본질과 실제를 책 속에서 제대로 녹여내고 있다. 사실 두 개념을 타협함 없이 풀어낸다는 것은 간단한 일이 아니다. 오랫동안 그 일에 초집중 상태에 있어야 비로소 보이는 길이고 가능한 일이다. 목회가 무엇인지, 교회를 어떻게 세워가야 하는지, 무엇보다 본질을 잃지 않는 목회 방법론을 고민하는 분들이 있다면 무조건 이 책의 도움을 받기를 바란다. 목회라는 먼 길을 가야 하는 여러분에게 친절하고 정확한 내비게이션이 되리라 확신한다.

행신침례교회 담임, 《본질이 이긴다》 저자 김관성 목사

제자 삼는 사역은 선택할 수 있는 목회의 어느 장르가 아니라, 주님이 명령하신 사명이다. 주님의 제자로 부름을 받은 사역자라면 누구나 제자 삼으라는 주님의 명령 앞에서 순종해야 한다. 문제는 이 사명을 우리 시대 속에서 어떻게 감당하느냐는 것이다. 깃발만 꽂아도 부흥이 되던 시대와는 전혀 다른 시대적 상황 속에서 우리는 새로운 표현과 방식으로 제자 삼는 사역을 이어가야 한다. 침체되어가고 있는 한국 교회에 새로운 도전을 하고 있는 귀한 사역자들이 제자훈련 목회에 관한 귀한 책을 출간하는 것을 기뻐하며 격려의 박수를 보낸다. 이 책은 제자훈련의 핵심적인 요소들을 짚어서 잘 설명하고 있을 뿐만 아니라 다음 세대 젊은이 사역 속에서, 교회 개척의 현장 속에서, 가정이라는 환경 속에서 어떻게 제자 삼는 사역이 이루어질 수 있는지, 그 현장의 경험을 나누고 있다. 다양한 사역의 경험을 통해 제자 삼는 사역이 더욱 명확해지고 심화되기를 기대한다.

대림교회 담임, 제자훈련연구소 대표, 《쓸 만한 도끼 한 자루 준비합니다》 저자 **김명호 목사**

본서는 교회 본질과 어깨를 나란히 할 수 있도록 도와주는 아주 이례적인 지침서이다. 다원화되고 급변하는 세계 속에서 변치 않는 그리스도인으로 산다는 것은 쉬운 일이 아니다. 이러한 시대에 예수의 인격과 생활을 닮은 삶을 살게 하는 일이 교회의 과제가 되었다. 이것은 반드시 제자 교육으로 이루어져야 한다. 제자화를 통하여 인간은 새로운 생명을 가진 새로운 존재로서의 삶을 살아갈 수 있기 때문이다. 이 책에서는 제자훈련에 대한 변화 이론에 근거해서 그에 따른 전략, 그리고 제자훈련에 대한 동기 부여, 실천적 방안, 제자훈련을 통해 변화될 결과를 예측하며 앞으로 나아갈 방향을 제시하였다.

오늘 한국 교회가 앓고 있는 교회 교육의 내적 충실의 긴급성을 직면하면서 교회의 현 주소를 파악하고자 하는 이에게 필수불가결한 자료다.

한국성서대학교 부총장, 구약학 김은호 교수

《미쳐야 미친다》 책 제목부터 예사롭지 않다. 내가 수없이 후배 사역자들에게 했던 말이기도 하다. 불광불급(不狂不及)은 제자훈련의 기본 정신이며 미쳐야 미치는 것은 모든 영역에 적용되는 말이다. 진정성에 열정이 더해져야 미쳐서 미치게 되기 때문이다. 제자훈련은 사람에 미쳐야 한다. 한 사람을 그리스도의 장성한 분량에 이르도록 하는 일에 미쳐야 한다. 그런 까닭에 제자훈련은 사람이 전부다. 예수님의 제자가 되어 자신의 제자가 아니라 예수님의 제자를 삼으려는 거룩한 소원을 가진 누군가가 있다면 이 책을 권한다.

이 책은 다양한 각도에서 제자훈련을 파헤치고 제자훈련의 이론과 실제를 잘 겸비하고 있다. 그리고 제자훈련을 하는 사역자의 스피릿(Spirit)과 스킬(Skill)이 함께 녹아서 잘 어우러져 있다. 무엇보다 이 책을 통해 제자훈련이 하나의 프로그램이 아닌 사역의 본질로 자리 잡기를 기대한다.

산본교회 담임, 청년사역연구소 대표, 《결국 말씀이다》 저자 이상갑 목사

제자훈련은 90년대 이미 한국 교회를 휩쓸고 간 이론이 아닌가 싶다. 일
각에서는 식상하다는 선입견도 갖고 있다. 이십여 년 동안 제자훈련을 해오
면서 많은 청년들을 만났던 나는 청년들의 제자훈련은 청년 때에 끝나고,
그들이 취직과 결혼을 하면 다른 패러다임의 훈련이 필요하다고 막연히 생
각하고 있었다. 그러던 중 만난 이 책은 제자훈련을 한 시기로 국한하지 않
고, 청년이 장년이 되어 가정을 이루는 과정과 그 이후의 삶에 대한 안목을
가지고 쓰여 졌다. 한국 교회에 꼭 필요한 제자훈련에 관한 책이다. 이 책에
는 실제적인 경험 없이 쓸 수 없는 글과 청년과 교회를 사랑하지 않으면 나
올 수 없는 안목이 배어 있다. 이 시대 한국 교회에 꼭 필요한 제자훈련 이
론과 경험과 실제가 겸비된 글을 보게 되어 무척 기쁘다.

가까운교회 담임, 엠씨넷 대표, 《싸가지 크리스천》 저자 이승제 목사

새 술은 새 부대에 담아야 한다. 옥한흠 목사님이 제자훈련을 할 때의 시
대적 상황과 사람들은 옛것이 되었다. 이제는 제자훈련의 정수만 남기고 그
것을 담는 그릇과 전달하는 도구는 현재의 사람들에게 초점을 맞추어 변혁
되어야 한다. 물론 이런 관점에서 나온 책들이 많이 있지만 제자훈련 목회
의 A부터 Z까지 총망라하고 이론과 실제를 균형 있게 다루며, 가정이 제자
훈련의 뿌리라는 관점으로 쓰인 것은 이 책이 유일하다. 또한 《미쳐야 미친다》
는 청출어람과 같은 책이다. 옥 목사님의 광인론을 넘어서 新 광인론을 쓰고
자 애쓴 저자들의 노고에 감사를 드린다. 제자훈련 목회로 성공이 아닌 열
매와 같은 교회를 세우기 원한다면 노닥거릴 시간이 없다. 인터넷 서점이든

오프라인 서점이든 가라. 사서 읽고 실천하라. 제자훈련에 있어서 옛것을 버리고 새것을 취하는 기쁨을 충만히 누릴 것이다.

올리브 선교회 공동 대표 임재환 목사

한국 교회의 여러 어려운 상황들 속에서 '제자훈련' 자체에 대한 의문이 많이 제기되고 있다. 그런 와중에 제자훈련을 목회의 여러 가지 방법 중에 하나가 아닌 '목회의 본질'이라고 믿고 이제껏 달려왔던 이들이 함께 이 책을 썼다. 그들이 배웠던 제자훈련 이론을 그들의 치열한 목회 현장에서 어떻게 풀어냈는지, 그리고 그 현장에서 어떤 열매로 나타났는지를 풀어내는 이들의 글에는 제자훈련에 대한 열정과 확신이 느껴진다. 제목처럼 "오직 미친 자만이 이를 수 있는 그 영역"을 경험한 저자들은 그것을 이렇게 풀어 놓지 않고는 견딜 수 없었던 것 같다. 제자훈련 목회가 뭘 의미하는 지, 그 제자훈련을 어떻게 목회 전체의 흐름 안에서 접목할 수 있는지에 관하여 말할 뿐 아니라 제자훈련 시 반드시 알고 있어야 하는 중요한 실제적 제안들로 가득하다. 기존 교회 안에서 또는 개척 상황에서 청년 세대와 일명 긴 세대를 위한 책이 출간되어 기쁘다. 목회를 고민하는 이들에게 '제자 훈련의 이론과 실제'를 가장 잘 소개해 줄 수 있는 멋진 책이다.

나눔교회 담임, 《교회를 사랑합니다》 저자 조영민 목사

미쳐야미친다!

"제자훈련 지도자는 미쳐야 한다!"

故 옥한흠 목사는 제자훈련 지도자 세미나의 첫 시간을 '광인론'으로 시작했다. 옥한흠 목사는 성경에서 나온 확실한 철학은 사람을 미치게 한다고 말한다.

"평신도를 깨우고 싶은가? 당신은 미쳐야 한다. 예수님도 미쳤다는 소리를 들었고 바울도 그랬다. 제자훈련 외에는 다른 길이 없는, 막다른 골목을 만난 자의 심정으로 임해야 한다. 이것을 하지 않으면 목회를 그만두겠다는 결의로 임해야 한다. 그러기 위해서는 우선 목회철학을 정립해야 한다. 그 목회철학이 교회 본질에 일치하면 할수록 우리는 바른 목회를 할 수 있다. 본질을 붙드는 곳에는 길이 열리기 때문이다."

옥한흠 목사의 말처럼 목회는 제정신으로 할 수 있는 것이 아니다. 아주

강한 소명감을 가지고 뛰어들어도 좀처럼 견디고, 버텨내기 힘들다. 하나님이 불러주신 사명자로서의 감격은 있지만 넘어야 할 산과 건너야 할 강이 끝없이 펼쳐지는 것이 목회 현장이다. 또한 이런 어려운 환경 속에서 성도 한 사람 한 사람을 온전하게 세우고, 예수 그리스도를 닮아가는 작은 예수로 살도록 도와주는 것이 바로 제자훈련 목회이다.

한 사람이 예수님을 믿도록 하는 것도 쉬운 일이 아닌데, 하물며 예수님의 심장을 가지고 세상의 거친 파도에 맞서 복음의 깃발을 들고, 하나님 나라의 확장을 위해 나아가는 거룩한 예수님의 제자를 만드는 일은 얼마나 더 어렵겠는가. 미치지 않고서는 할 수 없는 일이다.

불광불급(不狂不及). 제대로 미쳐야 주님이 원하시는 그 지점에 도달하게 된다. 그러나 가슴 벅찬 비전만으로는 사람들이 세워지지 않는다. 냉철한 이성과 실천하는 손과 발 또한 함께 있어야 한다. 이 책은 제자훈련에 미친 목회자들이 함께 모여 제자훈련의 철학에서부터 실천에 이르기까지의 과정을 이야기하고 있다.

제자훈련 목회를 하기 위해서는 무엇이 필요할까?

첫째, 제자훈련 목회란 무엇인지 알아야 한다.
양육 과정과 훈련 과정의 구분을 알아야 하고, 다양한 소그룹의 특성들을 이해함으로써 셀 중심 목회, 가정교회 목회, 제자훈련 목회의 차이점과 장단점을 파악할 수 있어야 한다.

또한 제자훈련을 할 때 리더 모임의 중요성에 대해서도 간과하지 말아야 한다. 이 모든 것은 제자훈련이 무엇인지에 대한 명확한 정의를 통해 이해할 수 있다.

둘째, 제자훈련 과정뿐 아니라 제자훈련 목회에 대한 큰 그림을 가지고 있어야 한다.

제자훈련은 교회 소그룹 리더십을 세우기 위한 한 과정이다. 그 과정으로서 제자훈련을 알아야 하지만, 또한 제자훈련 목회에 대한 전반적인 이해가 있어야 한다. 제자훈련 목회라는 큰 그림 안에서 제자훈련이 어떤 위치에 있으며, 어떤 유익을 주는지를 파악해야 한다.

제자훈련의 열매는 달고 풍성하지만 그 과정은 쓰다. 제자훈련 목회를 할 때 겪게 되는 어려움은 무엇인지 그리고 제자훈련 목회를 했을 때 얻게 되는 유익은 무엇인지에 대한 큰 그림을 볼 수 있다면 너무나 좋을 것이다.

셋째, 제자훈련 시 주의할 요소 7가지와 기본적으로 지켜야 할 10계명에 대해 알아야 한다.

신앙의 선배들이 걸어갔던 길들을 따라가는 것은 언제나 쉽고 안전하다. 제자훈련을 하면서 다양한 실수를 겪을 때가 있다. 그것을 미리 알고 그 길을 간다면 좀더 쉽게 고지에 도달할 수 있다. 제자훈련은 단순히 열심히 한다고 되는 것이 아니다. 훈련 시 주의해야 할 요소 7가지가 있다. 또 기억해야 할 10가지 계명도 있다. 좀더 탁월하게 제자훈련을 인도하려면 우리는 다양한 경험으로부터 배워야 한다.

넷째, 제자훈련 목회에서 빠뜨려서는 안 되는 중요한 다른 기둥 한 가지가 무엇인지 알아야 한다.

제자훈련만을 중요하게 생각하면 머리가 큰 가분수의 바리새인들만 양성할 확률이 높다. 따라서 전체 제자훈련 목회 안에서 복음의 증인이 되기 위한 전도폭발과 같은 훈련들이 함께 진행되어야 한다. 먹기만 하고 운동을 하지 않으면 비만에 걸리듯이, 복음의 증인으로 살아내지 못하는 훈련은 관념론적 사색 정도로만 그치게 되어 건강을 해친다. 따라서 전도훈련을 함께 진행해야 지속적인 은혜 아래 복음의 증인으로 살아갈 수 있다.

다섯째, 다음 세대 제자훈련의 중요성을 알아야 한다.

누구도 부인할 수 없는 사실은 다음 세대도 제자훈련을 받아야 한다는 것이다. 제자훈련은 결혼 전에 받아야 한다. 이미 결혼을 하였더라도 부부가 함께 훈련을 받아야 한다. 그리하여 자신들의 가정이 어떤 공동체가 될지 방향성을 잡고 나아가야 한다.

이 책은 위에서 언급한 다섯 가지 핵심 내용들을 중심으로 펼쳐진다. 부디 이 책을 통해 제자훈련 목회에 더 균형이 잡히기를 바라고, 혹 아직 제자훈련을 하지 않는 목회자, 교회, 선교회, 선교사가 있다면 제자훈련 목회에 뛰어들기를 소원한다. 또한 이 책을 읽는 모든 사람이 한 영혼을 위해 목숨을 거는 귀한 예수님의 제자들이 되기를 기도드린다.

2019년 가을에

고상섭, 김영한, 김형민, 반세호, 지현호

차례

제자훈련 목회는 목회의 도구가 아니라, 뿌리 깊은 교회론에서 나온 성경적 철학이다. 그 철학은 사람을 미치게 하고, 그 미친 비전이 우리를 그리스도의 광인이 되게 하여, 한 영혼을 위해 목숨을 바치는 그리스도의 대사가 되게 하는 것이다. '한 영혼에게 목숨을 걸고 그리스도의 제자로 삼는 비전을 가지는 것' 그것이 바로 제자훈련 목회철학이다.

1장

목회의 본질

예수께서 또 이르시되 너희에게 평강이 있을지어다
아버지께서 나를 보내신 것 같이 나도 너희를 보내노라

요한복음 20:21

01
교회와 사도성

1978년 故 옥한흠 목사가 사랑의교회[1]에서 제자훈련을 시작한 이래 '제자훈련'이라는 말이 많은 곳에서 회자되었다. 그러나 그 정의는 말하는 이마다 제각각이다. 일반적으로 선교 단체에서 경험한 제자훈련을 교회에서 그대로 사용하기도 하고, 개인적으로 경험한 다양한 훈련들을 제자훈련이라고 말하는 경우도 있다. 이 장에서 언급하는 제자훈련 목회는 故 옥한흠 목사가 선교 단체 제자훈련을 교회에 접목시킨 사랑의교회 제자훈련 모델 (1978~2002년)을 말한다. 옥한흠 목사가 말한 제자훈련 목회철학과 나아가 그 철학이 어떻게 목회 현장에 접목되었는지를 살펴보자.

---

1 옥한흠 목사는 1978년 강남은평교회를 개척하였고, 1981년 사랑의교회로 이름을 바꿨다.

교회란 무엇인가?

옥한흠 목사의 저서 《평신도를 깨운다》에는 제자훈련 목회철학이 잘 요약되어 있다. 옥한흠 목사는 교회의 주체인 평신도를 예수의 제자로 가르치고 훈련하는 것 외에는 다른 길이 없다고 했고, 이런 확신을 가지고 목회에 사활을 걸어야 한다고 말하였다.[2] 또 제자훈련 목회가 단순히 교회의 프로그램이 아니라 교회론이라는 뿌리에서 나온다고 하였다.

> "목회자는 날마다 교회가 무엇인가를 물어야 한다. 왜냐하면 그가 교회를 어떻게 보느냐에 따라 그의 목회 방향이 결정되기 때문이다…. 그러므로 우리 모두는 달려가던 발걸음을 잠깐 멈추고 자신이 섬기는 교회가 무엇인지 왜 교회가 존재하고 있는지에 대해 스스로 대답할 수 있어야 하고 동시에 그 대답이 과연 바른 것인가를 확인해 보아야 한다."[3]

옥한흠 목사는 교회가 무엇인지를 날마다 물었고 그 질문과 치열하게 싸운 끝에 '평신도를 깨우는 제자훈련'이 성경적 해답임을 깨달았다. 어떻게 교회가 무엇인지와 평신도 제자훈련이 연결될 수 있었을까? 그 답은 교회론에서 시작되었다.

교회란 무엇인가? 라는 질문에 대한 일반적인 대답은 '택자들의 모임'이다. 이 말은 교회에 대한 정확한 정의이긴 하지만 어딘가 부족하다. '택자들의 모임'이라는 말에는 천상의 교회와 지상의 교회의 구분이 없기 때문이다. 교회를 단순히 '택자들의 모임'이라고 하면 이 땅에서 해야 하는 일이

---

2 옥한흠, 《평신도를 깨운다》(국제제자훈련원, 2009), p. 33.
3 같은 책. p. 65.

오로지 전도밖에 없게 된다. 이 땅에서 싸워야 할 영적 전쟁의 개념과 이 땅에서 이루어야 할 교회의 소명이 빠지게 되는 것이다.

교회의 뿌리, 사도성

지상의 교회는 부름받은 특권만 있는 것이 아니라 세상으로 보냄받은 사명을 가지고 있다. 옥한흠 목사는 이것을 교회의 사도성이라는 뿌리에서 발견했다.

교회의 본질은 거룩성, 통일성, 보편성이라는 세 가지만 이야기하던 시절이 있었다. 그렇게 배우고 확신한 옥한흠 목사는 유학 시절 한 서점에서 한스 큉의 교회론에 관한 책을 읽고 교회의 본질이 '사도성'에 있음을 발견하게 되었다.[4] 사도성이란 사도들의 교훈과 사역이 교회에 계승되었다는 것을 말한다. 로마 가톨릭이 교황의 권한을 남용하면서, 사도성이라는 말을 잘못 사용하였기 때문에 많이 강조하지 않았지만, 한스 큉의 교회론을 통해 교회의 본질에 사도성이 있음을 발견한 것이다. 사도 직분은 사라졌지만, 여전히 사도성은 교회의 본질로 존재한다. 왜냐하면 사도의 교훈과 사역이 오늘날 교회로 계승되었기 때문이다.

사도의 교훈이란 사도들의 신앙고백을 뜻한다.

> 너희는 사도들과 선지자들의 터 위에 세우심을 입은 자라 그리스도 예수께서 친히 모퉁잇돌이 되셨느니라_엡 2:20

---

4 한스 큉, 《한스 큉 교회》(한들출판사, 2007)

우리는 사도들이 고백한 신앙고백과 다른 고백을 할 때 그것을 교회라고 부르지 않는다. 교회는 사도들의 가르침이라는 터 위에서 예수 그리스도라는 모퉁잇돌로 세워지기 때문이다. 사도들의 가르침을 넘어서는 것, 그리스도라는 모퉁이를 넘어가는 것은 잘못된 교리이며 우리는 반드시 사도들의 신앙고백을 우리의 신앙고백으로 함께 고백해야 한다.

사도들의 사역, 즉 하나님이 사도들에게 부여하신 파송의 명령은 오늘날 교회에 계승되었다.

> 예수께서 또 이르시되 너희에게 평강이 있을지어다 아버지께서 나를 보내신 것 같이 나도 너희를 보내노라_요 20:21

예수님이 사도들을 세상에 보내시던 그 보내심은 오늘도 유효한데 그것은 목사나 선교사들을 향한 부르심이 아니라 전 교회를 향한 부르심이며 그 교회의 주체인 평신도 한 사람 한 사람을 향한 부르심이다.

예수님이 베드로를 부르시고, 바울을 부르셔서 그들에게 파송 명령을 내리신 것과 동일하게 내가 하나님의 부르심을 받은 사명자요 소명자임을 평신도 한 사람 한 사람이 깨달을 때 잠자던 평신도가 깨어나게 된다. 내가 소명받은 바울이요 베드로임을 확인하는 것이 바로 사도의 사역을 교회가 계승하는 것이다. 이 소명을 깨닫지 못하면 여전히 잠자는 평신도로 남아 삶 전체를 하나님께 드리는 삶을 살지 못하게 된다.

> "이런 현상이 왜 생기는가? 평신도 당신이야말로 온 천하에 다니며 복음을 전하라는 명령을 받고 그대로 순종하다 순교한 베드로의 계승자라는 소명을 가르치지 못한 데 있는 것이다… 평신도에게 사도의 사역을 계승하고 있다는 소

명의식을 주지 않은 채 어떤 헌신만 강요한다면, 마치 어떤 젊은이에게 대한민국 국민이라는 정체성을 분명히 가르쳐 주지 않으면서 국방의 의무를 행하라고 전선에 내보내는 것과 다를 바 없다."[5]

모든 신자가 제자이다

제자훈련을 받은 사람들만 예수님의 제자라는 특권의식은 제자훈련에 대한 크나큰 오해이다. 성경은 예수님을 믿는 모든 신자가 그리스도의 제자로 살아가야 함을 분명하게 이야기하고 있다.

> [18]예수께서 나아와 말씀하여 이르시되 하늘과 땅의 모든 권세를 내게 주셨으니 [19]그러므로 너희는 가서 모든 민족을 제자로 삼아 아버지와 아들과 성령의 이름으로 세례를 베풀고 [20]내가 너희에게 분부한 모든 것을 가르쳐 지키게 하라 볼지어다 내가 세상 끝날까지 너희와 항상 함께 있으리라 하시니라_마 28:18~20

예수님이 승천하시기 전에 하늘과 땅의 모든 권세를 가지고 '너희는 가서 모든 민족으로 제자를 삼으라'고 말씀하셨다. 이 제자 삼는 사역은 특정한 목회자에게 주신 것이 아니라 모든 신자에게 주신 명령이다. 개역개정 성경 마태복음 28장 19~20절에는 다섯 가지 동사가 나온다. 가다, 제자를 삼다, 세례를 베풀다, 가르치다, 지키다. 그러나 헬라어 원문을 보면 이 문장

---

5 옥한흠, 《평신도를 깨운다》(국제제자훈련원, 2009), p. 96.

에 사용된 동사는 하나뿐이다. 바로 '제자로 삼아'이다. 나머지는 모두 분사형으로 되어 있다.

즉 가서, 세례를 주고, 가르치고, 지키게 하는 일은 모두 하나의 사역을 위한 것이다. 바로 '제자를 삼는 것'이다. 이처럼 제자를 삼기 위해 가장 중요한 것은 '가는 것'이 아니라 먼저 '제자가 되는 것'이다. 결국 예수님이 우리에게 주신 사명의 핵심은 '모든 민족이 제자가 되는 것', '모든 신자가 제자의 삶을 사는 것'이다.

그러나 교회 안에서 훈련을 받은 사람을 제자라고 하고 훈련받지 못한 사람을 제자가 아닌 일반 신자라고 생각하게 되면 교회 안에 계급이 생기는 일이 발생한다. 옥한흠 목사도 이 부분을 강하게 비판한다.

"'나는 제자가 아직 아니에요, 훈련을 받지 못했거든요'라고 말하는 사람들을 어렵지 않게 만날 수 있다. 이것이 얼마나 잘못된 시각인가를 잘 알면서 목회자들 역시 비슷한 잠재의식을 가지고 있는 것 같다. 그래서 자기도 모르게 어떤 사람은 제자로 대접하고 어떤 사람은 무리의 한 사람처럼 대접한다. 자연히 한쪽에서는 무슨 특권층이나 되는 것처럼 우쭐거리게 되고 다른 쪽에서는 기를 펴지 못하고 살게 된다." [6]

이런 식의 오해가 교회 안에 난무하게 된 이유 중 하나는 '팬인가? 제자인가?' 같은 용어들이 잘못 이해되기 때문이다. 이 말은 언뜻 교회 안의 성도들 중에 팬인 사람이 있고, 제자인 사람이 있다고 들린다. 《제자도》를 쓴 마이클 윌킨스는 제자와 무리를 나누는 방식은 성경이 말하는 제자도에서 벗어난 것이라 말하면서 제자를 다음과 같이 정의했다. "제자는 전도를 받

---

6 같은 책 p. 135.

아 회심한 사람이며, 그다음 따라오는 성장 과정을 '완전하게 함', '제자도'라고 한다."[7]

또 《그분의 형상대로》라는 책에서는 "그리스도인은 모두 예수 그리스도의 제자이다"[8]라고 명확히 이야기한다. 그는 구원받은 사람은 모두 제자이기 때문에 그리스도인의 삶 그 자체가 바로 '제자도'라고 말하고, 그 목표는 예수 그리스도를 닮아가는 것이라 말한다. 결국 구원받은 모든 사람은 제자이고, 제자다운 삶을 살아가는 과정이 바로 성화의 과정이라 할 수 있다.

제자훈련이란 훈련받은 사람들만 제자라는 뜻이 아니다. 모든 신자가 그리스도의 제자인데, 그 모든 신자를 그리스도의 제자답게 살게 하기 위해서, 교회의 리더십을 훈련하는 과정을 제자훈련이라고 말해야 할 것이다.

어떤 제자가 되어야 할 것인가?

모든 신자가 제자라고 해서 가만히 있어도 모두 제자다운 삶을 사는 것이라고 말할 수는 없다. 예수님은 복음서에서 우리를 빛과 소금이라 말씀하셨지만, 또한 맛을 잃은 소금이 될 수 있다고 경고하셨다.

옥한흠 목사는 예수님을 닮아가는 제자의 목표에 대해서 세 가지를 언급했다. 이것은 예수님이 지상 사역을 하실 동안 말씀과 삶의 모범을 통해 보여주신 중요한 원리인데 인격적 위탁자, 복음의 증인, 섬기는 종이라는 요소이다.

---

7 마이클윌킨스, 이억부 역, 《제자도》(은성, 1995), p. 29.
8 마이클윌킨스, 김재영 역, 《그분의 형상대로》(IVP, 2000), p. 37.

이 세 가지 요소는 온전한 제자가 되기 위한 청사진이라 할 수 있다. 목회자는 성도들이 전적 위탁자와 복음의 증인과 섬기는 종의 모습을 갖출 수 있도록 체계적으로 도와주어야 한다. 이 세 가지는 아래 그림과 같이 하나님과 세상과 교회라는 각 영역으로 볼 수도 있다.

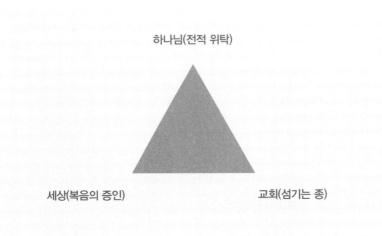

그리고 아래와 같이 동심원으로 이해할 수도 있을 것이다.

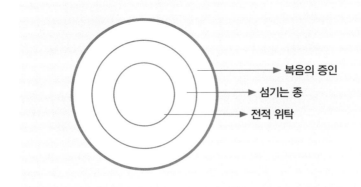

하나님과의 관계 안에서 복음을 통해 인격적으로 위탁되고 그 은혜로 사람들은 섬기는 종이 되며, 빛과 소금의 삶을 통해 세상에 복음을 증거하는 그리스도의 제자로 살아가는 삶이 바로 제자훈련의 목표이다.

이 세 가지 목표는 순서대로 이루어지는 과정이 아니다. 전적 위탁을 늘 100퍼센트 할 수 있는 사람이 누가 있겠는가? 제자훈련은 완벽하지 않지만 동시에 이루어져가는 과정이며 이 과정 중에서 가장 어려운 고비가 바로 전적 위탁이다. 사실 이 과정을 제대로 거치느냐 아니냐에 제자훈련의 성패가 달려 있다고 해도 과언이 아니다. 훈련을 통해 인격적인 하나님을 만나서 전적 위탁의 과정을 거치지 않으면 훈련하면 할수록 더욱 율법주의자가 되고 교만해지는 경향이 있다. 그래서 모든 제자훈련은 성령님의 강력한 도우심이 필요하다. 잘못된 제자훈련의 병폐 중 하나는 훈련을 통해 자기를 부인하지 않고 자기 과시를 하는 것이다. 이 과정을 거치지 않는 모든 제자훈련은 스스로를 교만하게 한다.

목회자는 무엇을 하는 사람인가?

평신도가 교회의 주체이고 사도의 계승자라면 목회자의 위치는 어디인가? 제자훈련 목회자의 위치는 오늘날로 말하자면 '감독'과 '코치'에 가깝다. 운동장에서 승리의 깃발을 꽂아야 하는 주체는 선수들이다. 그러나 그 선수들이 세상이라는 필드에서 승리할 수 있도록 훈련을 시키는 것은 감독의 역할이다. 주인공들을 무장시키는 섬김이가 바로 목회자인 것이다.

¹¹그가 어떤 사람은 사도로, 어떤 사람은 선지자로, 어떤 사람은 복음
전하는 자로, 어떤 사람은 목사와 교사로 삼으셨으니 ¹²이는 성도를
온전하게 하여 봉사의 일을 하게 하며 그리스도의 몸을 세우려 하심
이라_엡 4:11~12

목사와 교사의 위치는 성도를 온전하게 하는 것이고, 온전하게 된 성도
가 봉사의 일을 하며 그리스도의 몸을 세우는 것이다. 이때 '온전하다'라는
단어에는 '완전하게 공급하다'라는 의미가 있는데, 'equip'(CJV)이라고 표현
하기도 한다. 목회자의 역할은 무장된 성도들이 교회를 세우고 세상을 하나
님 나라로 세워가는 일에 헌신하는 것이다. 성경에 보면 사도 바울도 자신
의 목회철학을 표현한 것을 확인할 수 있다.

²⁸우리가 그를 전파하여 각 사람을 권하고 모든 지혜로 각 사람을
가르침은 각 사람을 그리스도 안에서 완전한 자로 세우려 함이니
²⁹이를 위하여 나도 내 속에서 능력으로 역사하시는 이의 역사를 따
라 힘을 다하여 수고하노라_골 1:28~29

'각 사람'이라는 단어가 반복된다. 여기서 말하는 '각 사람'은 한 사람 한
사람을 의미한다. 바울의 목회철학은 한 마디로 "한 사람 한 사람을 그리스
도 안에서 완전한 자로 세우는" 예수님의 제자를 만드는 사역이다. 이 사역
에 자신 안에 역사하시는 성령님의 역사를 따라 자신도 힘을 다해 수고한
다고 고백하고 있다.
결국 제자훈련 목회란 모든 평신도 한 사람 한 사람이 그리스도의 사명

자로 사도의 교훈과 사역을 계승했다는 것을 깨닫고, 한 사람 한 사람을 예수의 제자로, 사명자로 살아갈 수 있도록 돕는 목회를 말한다. 옥한흠 목사는 이것을 '한 사람 철학'이라고 말하기도 했다. 즉, "한 영혼을 위해 목숨을 걸 수 있는가?"라고 묻는 것이다.

이와 같은 확실한 철학이 있을 때 비로소 제자훈련 사역을 시작할 수 있다. 옥한흠 목사는 이렇게 도전한다.

> "다시 말한다. 평신도를 깨우고 싶은가? 당신은 미쳐야 한다. 예수님도 미쳤다는 소리를 들었고, 바울도 그랬다. 제자훈련 외에는 다른 길이 없다고 하는 막다른 골목을 만난 자의 심정으로 임해야 한다. 이것을 안 하면 목회를 그만두겠다고 하는 결의로 임해야 한다." [9]

또한 성경에서는 '한국 교회', '세계 교회'라는 의미를 담은 교회를 발견할 수 없다. 우주적인 교회 아니면 지역 교회를 가리키는 말만 나온다. 고린도나 데살로니가에 있는 지역 교회가 바로 하나님의 교회이다. 지역 교회는 전체 교회의 부분이거나 구역이 아니다. 개별적인 단체들의 합자 회사도 아니다. 전체 교회가 나누어져 있는 개교회도 아니다. 참으로 존재하는 것은 단순히 고린도에 있는 하나님의 교회이다.

따라서 제자훈련 목회철학이 있는 목회자는 교인이 단 한 사람만 있어도 그 한 사람을 통해 완전한 하나님 나라의 '에클레시아'를 볼 수 있어야 한다.

---

9 옥한흠, 《평신도를 깨운다》(국제제자훈련원, 2009), p. 69.

"따라서 각 에클레시아, 각 집회, 각 공동체, 각 교회는 아무리 작고 아무리 빈약하고 아무리 보잘것없는 모임이라고 하더라도 완전히 하나님의 에클레시아, 하나님의 집회, 하나님의 공동체, 하나님의 교회의 발현이요 표현이며 실현이다. … 우리 가운데 자신도 모르는 열등감이라는 바이러스에 감염되어 있는 자들이 많다. 자기 교회와 다른 교회를 비교할 때 들어온 나쁜 균이다. … 좀 심하게 말하면 수십 명에 불과한 자기 교회는 마치 온전한 교회가 아닌 것처럼 생각하는 것이다. 얼마나 잘못된 시각인가? 교회의 머리 되신 예수님은 크기를 가지고 자기 교회를 판단하지 않으시는데 말이다. … 평신도를 깨우고 싶은가? 주님이 자신에게 맡기신 몇 명의 양들을 놓고 그 지체가 완전한 하나님의 에클레시아라는 사실을 확신할 수 있어야 한다. 세상은 우리가 섬기는 작은 지역 교회를 통해 하나님 나라가 가까이 임하고 있음을 보게 될 것이라는 긍지를 가져야 한다. 자신의 목회 현장을 보는 패러다임이 바뀔 때 한 영혼을 붙들고 예수의 제자로 만드는 일에 미친 사람처럼 헌신할 수 있다. 날마다 큰 교회를 곁눈질하는 목회자는 제자를 절대로 만들 수 없다."[10]

제자훈련 목회는 목회의 도구가 아니라, 뿌리 깊은 교회론에서 나온 성경적 철학이다. 그 철학은 사람을 미치게 하고, 그 미친 비전이 우리를 그리스도의 광인이 되게 하여, 한 영혼을 위해 목숨을 바치는 그리스도의 대사가 되게 하는 것이다. '한 영혼에게 목숨을 걸고 그리스도의 제자로 삼는 비전을 가지는 것' 그것이 바로 제자훈련 목회철학이다.

---

10 같은 책. p.76

02
제자훈련 목회의 이해

제자훈련 목회철학을 가졌다고 모두가 제자훈련 목회를 할 수 있는 것은 아니다. 그 철학을 각자의 사역 현장에 잘 접목할 수 있어야 한다. 팀 켈러는 이것을 좀더 세분화하여 '신학적 비전'(Theological vision)이라고 말했다. 교리적 기초를 세우는 것과 사역의 현장 사이에, 교리적 기초를 어떻게 사역 현장에 접목시킬 수 있을까를 생각하는 것이 바로 '신학적 비전'이다.[1] 이것을 위해서는 신학적 기초를 어떻게 목회 현장에 접목할 것인지에 대한 치열한 고민이 있어야 한다.

옥한흠 목사의 제자훈련 철학은 분명하고 이해하기가 쉽다. 그러나 아

---

1 팀 켈러, 오종향 역, 《팀 켈러의 센터처치》(두란노, 2016), p. 25.

쉽게도 그 철학을 어떻게 목회 현장으로 접목시켰는지에 대한 신학적 비전을 분명하게 제시해주지 않았기 때문에 여러 목회자들이 각자 자신이 생각한 제자훈련을 스스로 적용하며 진행하였다. 이것이 제자훈련의 다양성을 가져오기는 했지만 동시에 명확한 기준이 없다는 어려움도 가져다주었다. 성경적 기초는 분명한데 사역의 현장은 제자훈련 철학이 반영되지 않는 방식으로 이루어지는 경우도 많았다.

따라서 제자훈련 철학을 말한 옥한흠 목사가 그 철학을 어떻게 자신의 목회에 적용했는지 살펴보는 일은 자신의 제자훈련 목회를 점검하는 데 매우 중요한 과정이다. 다음 사항들을 점검하면서 이 책을 읽는 여러분의 제자훈련 목회를 점검해보면 좋을 것이다.

소그룹의 유형을 이해하라

제자훈련 목회를 이해하려면, 먼저 소그룹의 유형을 이해해야 한다. 제자훈련 목회가 바로 '교회 안의 소그룹을 어떻게 운영하느냐'에 대한 것이기 때문이다. 한국 교회 안에 다양한 목회 방식이 존재하지만 대부분 목회는 교회 안에서 소그룹을 어떻게 운영하는지에 대한 차이로 구분된다.

윌로크릭교회 소그룹 담당자였던 빌 도나휴는 소그룹의 유형을 세 가지로 구분하였다. 그 틀을 가지고 한국 상황의 소그룹을 분류해보면 다음과 같다.[2]

---

2 Donahue, Bill , 《The Seven Deadly sins of small Group Ministry》(Zondervan, 2002), p. 22.

전통 교회	셀 / 가정 교회	제자훈련 교회
Church with small Group	Church is small Group	Church of Small Group

■ Church with small Group (소그룹이 있는 교회)

전통 교회는 대그룹 예배와 소그룹 구역 모임으로 나누어져 있다. 이때 소그룹은 예배 중심이며, 구역으로 나눈 이유는 대개 관리를 위해서라고 할 수 있다. 효과적으로 교인들을 관리하기 위해 만든 조직이 소그룹이며, 구역 예배로 이루어진다. 이 소그룹이 만들어진 계기는 한국 교회의 폭발적인 성장이 한몫을 하였다. 급격히 늘어난 사람들을 관리하기 위해서 조직이 필요해졌기 때문에 구역 모임이라는 조직을 통해 주중에 모여서 예배를 드렸다. 외국에서 나온 소그룹에 관한 책들을 보면 여의도순복음교회를 밴드 목회, 즉 소그룹의 시작이라고 말하는 것을 종종 볼 수 있다. 그 이후로 한국 교회는 여의도순복음교회를 필두로 한 구역 모임이 교회 행정 체계의 기본 골격이 되었다. 이는 단지 교회 안에 소그룹이 있는 교회를 말한다.

■ Church is small Group (소그룹이 곧 교회이다)

이 모델로는 셀 교회와 가정 교회가 있다. 현재 셀 교회와 가정 교회는 조금씩 정의가 다르기는 하지만 그 뿌리가 같기 때문에 여기서는 동일한 교회의 형태로 이야기하려고 한다. 셀 교회의 시작은 랄프 네이버 박사가 쓴 《셀목회 지침서》에서 시작되었다. 최영기 목사로 시작되는 한국의 가정 교회 사역도 랄프 네이버의 책을 통해서 시작했기 때문에 동일한 뿌리에서 시작된 것이라 할 수 있다.

Church is small group은 소그룹이 곧 교회라는 의미이다. 이 말은 초대 교회의 가정 교회로 돌아가는 것을 상징하는 모토이다. 랄프 네이버 박사는 도시에 사람들이 폭발적으로 몰리고 성장하는데 교회가 그 성장을 따라가려면 폭발적으로 증가하는 인구를 담을 수 있는 새로운 교회가 출현해야 한다고 생각하였다.

> "우리가 폭발적으로 증가하는 인구를 감당하고자 한다면 우리는 또 다른 차원을 추가해야 한다. 우리는 단순 증가의 개념이 아닌 배가증식(multiplication)의 개념으로 생각하는 새로운 형태의 교회를 세워야 한다."[3]

셀(Cell)이라는 단어는 '세포'를 의미한다. 셀 교회라는 말 자체에서 '세포 분열', 즉 사람들을 전도해서 교회를 성장시키겠다는 뜻을 발견할 수 있다. 전도에 포커스가 있음을 보여주는 것이다. 폭발적으로 성장하는 교회를 만들려면 우선 소그룹을 통해서 사람들을 초대하고 전도를 해야 하는데, 셀 교회를 지향하는 사람들은 믿지 않는 사람들이 들어오는 소그룹이라는 진입로에서 가장 걸림돌이 되는 것을 '성경공부', 즉 '말씀'이라고 보았다. 그래서 셀 교회의 소그룹은 성경공부 중심이 아닌 나눔 중심으로 이루어진다. 가정 교회에서는 삶 공부라는 형식으로 진행되기도 한다.

'소그룹이 곧 교회이다'라는 정의가 성경적인지는 여기서 논의하지 않겠다. 단지 소그룹의 양육 형태를 통해서 각각의 장단점을 설명하려고 한다. 소그룹이 곧 교회라는 정의에 대해서는 사도행전에 나오는 초대 교회의 모델을 성경적으로 알아가는 작업이 필요하다. 셀 교회나 가정 교회를 교회

---

3 랄프 네이버, 장학일 역, 《셀목회 지침서》(밴드목회 연구원, 1999), p. 19.

의 양육 모델로 삼고 있지만 성경적인 근거에 대해 잘 모르는 목회자들도 만나보았다. 자신도 명확히 알지 못하는 프로그램을 교회에 도입하는 것은 소중한 사람의 영혼을 영적 마루타로 사용하는 꼴이다. 목회자라면 하나의 프로그램을 도입할 때 그 철학을 살피는 철저한 고민을 해야 한다.

셀 교회와 가정 교회의 소그룹 모델은 소그룹을 '전도와 교제'에 집중하는 모델이다. 그러면 성도들을 '양육'하는 문제는 어떻게 해야 하는가? 바로 교회에서 강의를 통해 이루어진다. 소그룹은 가정의 역할을 담당하고 교회인 대그룹에서는 학교의 역할을 감당하는 것이다.

> [15]그리스도 안에서 일만 스승이 있으되 아버지는 많지 아니하니 그리스도 예수 안에서 내가 복음으로써 너희를 낳았음이라 [16]그러므로 내가 너희에게 권하노니 너희는 나를 본받는 자가 되라_고전 4:15~16

셀/가정 교회의 모델에서 소그룹 리더는 스승이 아니라 아비의 역할을 감당하게 된다. 성경을 많이 알지 못해도 사랑이 있으면 가능하다. 여기에서 소그룹은 말씀보다는 교제와 전도 중심으로 진행되기 때문에 가능한 일이다. 양육은 교회에서 강의 형태로 이루어진다.

소그룹 시간은 주로 4W(welcome-worship-word-works)의 형태로 이루어지고, 대부분 교회에서는 목회자의 설교로 성경공부와 나눔을 할 수 있도록 교재를 만들어서 제공하여 소그룹을 진행하도록 한다. 모든 모델이 그렇듯 이 모델 역시 장점과 단점을 모두 가지고 있다. 처음 소그룹을 시작하는 교회나 초신자들을 인도할 때는 강점이 있지만, 양육을 대그룹 강의로 하는 것이 목회적으로 합당한 모델인지는 좀더 검토가 필요하다.

대그룹 양육의 약점

교회의 양육을 소그룹이 아닌 대그룹 강의로 진행하는 모델의 시작은 새들백교회와 윌로크릭교회의 모델일 것이다. 새들백교회 릭 워렌 목사는 성도들을 헌신의 동심원 다섯 개로 분류했다.

릭 워렌 목사가 분류한 헌신의 동심원

가장 바깥 원에 있는 지역 사회(Community)를 한 단계 가까이 군중(Crowd)으로 오게 하는 것이 구도자 예배이고, 군중을 등록 교인(Congregation)으로 오게 하는 것이 소그룹 모임과 다양한 양육 체계이다. 각 양육 단계를 통해 사람들을 한 단계씩 전진시키는 것이다. 그 양육 단계의 모델이 '평생 개발 과정'이라는 다이아몬드 시스템이다.

4 릭 워렌, 김현회, 박경범 역, 《새들백교회 이야기》(디모데, 2002), p. 148.

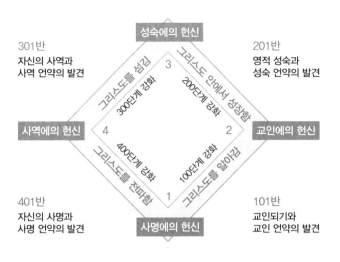

성숙에의 헌신

301반
자신의 사역과
사역 언약의 발견

그리스도를 섬김
300단계 강화
3
그리스도 안에서 성장함
200단계 강화

201반
영적 성숙과
성숙 언약의 발견

사역에의 헌신

4

그리스도를 전파함
400단계 강화

2

100단계 강화
그리스도를 알아감

교인에의 헌신

401반
자신의 사명과
사명 언약의 발견

1

사명에의 헌신

101반
교인되기와
교인 언약의 발견

평생 개발 과정

　　이것은 홈 베이스에서 101반 과정을 통해 교인이 되게 하고, 또 201반 과정을 통해 성숙한 사람으로 그리고 계속된 양육을 통해 홈 베이스로 다시 돌아오게 하는 시스템이며, 홈 베이스로 돌아온 사람들에게 파송과 사역을 맡기는 시스템으로 운영되고 있다. 이 다이아몬드 시스템은 한국 교회에 수입이 된 이후 다양한 교회에 그대로 적용되거나 오각형 또는 팔각형 모양으로 응용되어 양육 시스템의 한 축을 담당하고 있다. 각 단계에 있는 성도들을 한 단계씩 발전시키는 과정으로 개발된 것이다.

　　목회자들이 다양한 양육 시스템을 교회에 접목할 때 유념해야 하는 두 가지 사안이 있다. 첫째는 이 시스템의 철학이 과연 성경적인가? 하는 것과 둘째는 목회적으로 유익한가? 하는 질문이다.

'헌신의 동심원'은 관리와 체계를 쉽게 구축한다는 장점이 있지만 교인들을 A, B, C, D 등급으로 나누는 것에 대한 어려움이 있다. 사람을 수준별로 나누려면 기준이 있어야 하는데 그 기준은 주로 어떤 프로그램의 이수 여부로 평가하기 쉽다. 가령 큐티를 하지 않고 있다면 D 등급인데 그 사람이 C 등급으로 가기 위해서는 양육 클래스 중에 '큐티학교'를 수료해야 하는 식이다. 체계적인 관리를 위해 이렇게 교인들을 구분하는 것이 과연 성경적일까? 이 방식은 미국의 실용주의적 관점이 많이 반영된 것이라고 생각한다.

> 예수께서 그가 지혜 있게 대답함을 보시고 이르시되 네가 하나님의
> 나라에서 멀지 않도다 하시니 그 후에 감히 묻는 자가 없더라_막 12:34

예수님이 지혜롭게 말한 서기관에게 "네가 하나님의 나라에서 멀지 않도다"라는 말씀을 하셨다. 릭 워렌은 이 말씀을 근거로 하나님의 나라에서 더 먼 사람이 있고 덜 먼 사람이 있다고 생각해서 헌신의 동심원을 만든 것이다. 교인을 구분하여 관리하는 것이 명확히 성경적인가 하는 의문에 있어서 속 시원한 대답을 찾기는 어렵다. 마가복음 12장 34절의 근거로는 부족하기 때문이다.

또 목회적으로 보았을 때 한 사람의 영적 성장을 총체적으로 다루지 않고 큐티가 부족하면 큐티학교, 성경이 부족하면 성경대학, 상담이 필요하면 내적치유 등으로 하나씩 나누어서 코스를 이수하는 것으로 총제적인 성장이 이루어지는지도 고려해보아야 한다.

소그룹 안에서 인격과 인격이 만나는 과정을 통해 한 사람이 균형 있게

자랄 수 있기 때문에 소그룹 내의 양육적 기능을 줄이는 것은 오히려 성장과 성숙에 방해가 될 수 있다. 따라서 교회의 양육 체계를 대그룹 강의인 학교 시스템으로 잡는 것이 효과적인가 하는 질문을 던져야 할 필요가 있다.

대그룹 양육 시스템에 대해 한 가지 더 생각해볼 것은 대그룹 양육을 열심히 시도했던 윌로크릭교회의 반성이다. 윌로크릭교회는 《발견》이라는 책을 통해서 자신들의 사역을 돌아보고 평가한 적이 있다. 그 책에서 각 사람을 아래와 같이 4단계로 나누어 양육을 했다. [5]

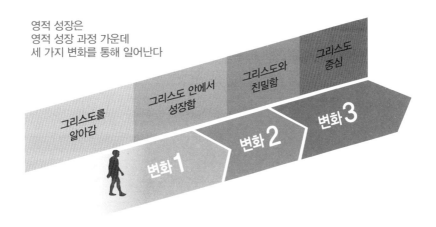

월로우크릭교회에서 시행한 양육의 4단계

그림을 보면 그리스도를 알아감 (Exploring Christ) - 그리스도 안에서 성장함 (Growing in Christ) - 그리스도와 친밀함 (Close to Christ) - 그리스도 중심 (Christ-centered)으로 점차 성장하도록 양육 시스템이 구성되었다. 첫

5 그렉 L. 호킨스, 캘리 파킨스, 김창동 역, 《발견》(국제제자훈련원, 2008). p. 38.

번째 그룹 '그리스도를 알아감' 단계에 있는 사람들은 "나는 하나님을 믿지만, 그리스도에 대해 잘 모르겠다. 신앙은 내 삶에서 큰 비중을 차지하지 않는다"고 말하는 사람들이다. 두 번째 그룹 '그리스도 안에서 성장함' 단계에 있는 사람들은 스스로 "나는 예수님을 믿으며, 그분을 알기 위해 여러 가지 일을 하고 있다"고 생각한다. 그리고 세 번째 그룹 '그리스도와 친밀함' 단계에 있는 사람들은 "나는 그리스도와 가까이 있으며, 매일 그분의 인도하심에 의지한다"고 말한다. 마지막 네 번째 그룹 '그리스도 중심'의 단계에 있는 사람들은 "예수님과의 관계가 내 삶에서 가장 중요하며, 그분과의 관계가 나의 모든 행동을 인도한다"고 고백한다. 그런데 이 시스템 중에서 두 단계의 사람들에게서 문제가 발생되었다.

[6]

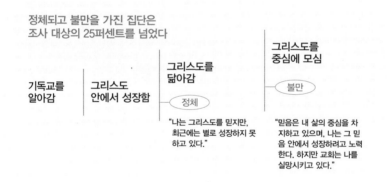

정체되고 불만을 가진 집단은
조사 대상의 25퍼센트를 넘었다

그리스도를 중심에 모심

기독교를 알아감　　그리스도 안에서 성장함　　그리스도를 닮아감

정체

불만

"나는 그리스도를 믿지만, 최근에는 별로 성장하지 못하고 있다."

"믿음은 내 삶의 중심을 차지하고 있으며, 나는 그 믿음 안에서 성장하려고 노력한다. 하지만 교회는 나를 실망시키고 있다."

첫 번째는 '정체'(Stalled)의 문제였다. 구도자 예배로 예수님을 영접했지만 그들의 신앙이 '정체'로 머물러 있었던 이유는 그다음 프로세스인 체계적인 양육과 훈련이 없기 때문임을 알게 되었다. 그래서 윌로크릭은 '양육

---

6 그랙 호킨스, 캘리 파킨슨, 김창동 역, 《발견》(국제제자훈련원, 2008), p. 48.

과 훈련' 시스템을 더욱 강화하였다.

두 번째 문제는 '불만족'(Disatisfied)이다. 이 문제가 심각한 이유는 모든 훈련을 받은 '그리스도를 중심에 모신'(Christ-centerd) 사람들에게서 발견되었기 때문이다. 왜 다이아몬드 시스템으로 훈련을 받은 교회의 핵심 멤버들이 교회에 '불만'을 갖게 되는가? 이에 대한 다양한 분석이 있을 수도 있지만 윌로크릭은 그들의 불만족에는 하나님의 말씀에 대한 더 깊은 연구와 가르침을 받고 싶은 마음이 있음을 알게 되었다. 따라서 그 프로그램과 함께 일할 수 있는 필드를 제공해서 사역을 하도록 하는 것을 대안으로 삼고 있다.[7] 우리 역시 핵심 멤버들이 한 가지 말씀을 더 깊이 있게 공부하고 싶어 한다는 열망에서 문제의 해결책을 찾아야 한다.

제자훈련을 잘 하던 교회에서 핵심 멤버들이 불만족스럽게 교회를 떠나는 일들이 생기기도 한다. 그 이유 중 한 가지는 목회자가 제자훈련을 통해서 평신도를 깨웠는데, 이후에 계속해서 양질의 가르침을 공급하지 못하기 때문이다. 말씀 안에서 소명자로 깨어난 평신도들은 그 수준에 합당한 말씀을 공급받아야 하는데, 목회자의 수준이 성장하지 않을 때 불만족이 생길 수 있다. 이런 문제점이 바로 다이아몬드 시스템이 가진 약점 중 하나이다. 다이아몬드 시스템은 양육에 끝이 있는 모델이기에 홈 베이스로 돌아온 성도는 파송되어 사역하는 것으로 마무리된다. 그러나 모든 사역에는 영적인 공급이 필요하다. 은혜를 공급받을 곳이 없어지면 사역을 하다가 지치고, 봉사와 헌신이라는 무게를 견딜 수 없게 된다. 이런 대그룹 양육의 문제점을 보완할 수 있는 시스템이 바로 제자훈련 목회이다.

---

7 그랙 호킨스, 캘리 파킨슨, 김명호 역, 《나를 따르라》(국제제자훈련원, 2009), p. 94.

03
소그룹 중심의 교회

제자훈련 목회란 한마디로 '소그룹 중심의 교회'를 말한다. 좀더 정확히 말하자면 '양육 소그룹 중심의 교회'를 세우는 것이다. 왜 소그룹 안에 반드시 양육이라는 개념이 들어가야 하는가? 그것은 '사람이 무엇으로 변화되는가?' 하는 질문과 연결되어 있다. 사람의 변화가 하나님의 말씀으로 이루어진다는 신학적 기초가 있다면 소그룹 안에서 말씀을 생략하거나 빼지 않고 더 중요하게 생각할 것이다.

모든 사람은 여러 가지 문제를 가지고 있다. 이 문제들을 다룰 때 물론 문제 하나하나에 집중해서 해결해야 하는 것들도 있지만 대부분의 문제는 성장하면서 없어지는 것들이다.

어린아이의 문제가 성장하면서 사라지듯 여러 가지 문제 앞에서 지속적인 성장을 이루어가는 것은 무엇보다 중요하다. 그렇지 않으면 늘 의사가 환자들을 대하듯이 병원 목회를 할 수밖에 없다. 제자훈련 목회는 소그룹에서 진행하는 '성경공부'가 주를 이룬다. 제자훈련은 하나님의 말씀이 인격을 따라 흐를 때 사람이 변화된다는 생각을 전제로 하기 때문이다.

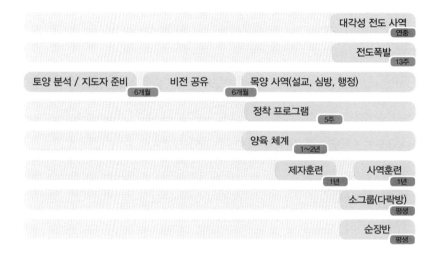

제자훈련 접목 도표

제자훈련은 다이아몬드 시스템과는 달리 접목 도표로 이루어진다.

위의 그림은 제자훈련 목회를 한눈에 볼 수 있도록 펼친 그림이다. 이 그림을 좀더 세분화하면 다음과 같이 나타낼 수 있다.

새가족반	정착 과정	양육 과정	훈련 과정 (리더십트레이닝 코스)		리더 모임 (순장반)
5주 과정	바나바	성경대학	제자훈련	사역훈련	평생 과정
	일대일	교리대학	(1년과정)	(1년과정)	
		설교			
		양육 소그룹 (다락방)			

세분화한 제자훈련 접목 과정

■ 새가족반

새가족반은 말 그대로 교회에 처음 온 사람들이 교회의 등록 교인이 되는 과정이다. 사랑의교회에서는 《유일한 구원자 예수 그리스도》(국제제자훈련원)라는 성경공부 교재를 가지고 5주 동안 성경공부를 한다.

■ 정착 과정

정착 과정은 새가족반을 수료하고 교회 소그룹으로 들어오기까지의 프로그램을 말한다. 바나바 과정은 새가족반을 진행하는 과정에서 일대일로 멘토를 붙여서 정착을 도울 수 있도록 하는 과정이다.

■ 양육 과정

제자훈련 목회를 이해하기 위해서는 양육과 훈련의 과정이 구분된다는 것을 알아야 한다. 양육은 '모든 성도가 지금 있는 영적인 수준에서 조금이라도 앞으로 전진하도록 돕는 과정'이라 말할 수 있고 훈련은 '양육된 성도들 중에서 선발해 소그룹 리더십을 준비시키는 과정'이라고 말할 수 있다. 양육은 전 교인이 대상이지만, 훈련은 전 교인이 아닌 리더십으로 선발된 사람을 대상으로 소그룹 리더를 훈련하는 과정이다. 양육 과정에서 대그룹 강의나 소그룹을 통해 성경대학이나 교리대학 등 다양한 프로그램을 운영할 수 있다. 여기까지는 다이아몬드 시스템과 같은 교육 방식이지만 제자훈련 목회에서 양육의 중심은 다양한 프로그램이 아니라 바로 소그룹 양육과 설교라고 할 수 있다. 여기서 중요한 것은 '소그룹 양육'이다.

소그룹 양육이란 각 클래스에서 교인들의 부족한 부분을 채우는 식이 아니라 소그룹이라는 관계성 안에서 인격적인 성장으로 이루어지도록 하는 것이다. 소그룹 안에는 다양한 사람들이 있다. 신앙이 성숙한 사람과 아직 성장 중인 사람, 그리고 초신자와 예수님을 잘 믿지 않는 사람들까지 이렇게 다양한 사람들이 하나님의 말씀을 통해 서로의 삶을 나누고 인격적인 관계 안에서 성장하는 것이 제자훈련 목회에서 말하는 양육이다. '양육'이라는 말을 들었을 때 어떤 강의나 프로그램이 아니라, 소그룹 모임이 떠오른다면 양육 중심의 소그룹이라 말할 수 있다.

소그룹 안에서 양육이 이루어지려면, 소그룹 리더들이 말씀으로 준비가 되어 있어야 한다. 소그룹에서 양육이 빠진다면 리더를 세우는 과정이 축소되어도 별 상관이 없으므로 리더십 훈련 과정이 약화될 것이다. 그러나 소그룹에서는 말씀을 통한 양육이 중요하므로 소그룹에서 말씀을 인도하는 리더가 되려면 양육 과정에서 충분한 훈련이 이루어져야 한다. 양육 과정 중에 있는 사람들 중 준비된 사람들을 선발하여 소그룹 리더십으로 세우는 과정이 바로 훈련 과정이다.

■ 훈련 과정

훈련 과정은 제자훈련 1년, 사역훈련 1년, 총 2년으로 구성되어 있다. 제자훈련을 엘리트 과정이라고 비판하는 사람들이 있지만, 교회의 리더를 아무런 준비 없이 세울 수는 없는 법이다.

디모데전서 3장에도 교회 감독의 조건이 나온다. 신앙생활을 한 지 오래되지 않은 사람, 충성되지 않고 절제하지 못한 사람에게는 감독의 자격이 주어지지 않는다. 이것은 엘리트주의가 아니라, 훈련된 사람이 리더의 자리에 있어야 한다는 성경의 가르침이다. 교회는 아무나 들어올 수 있지만, 아무나 리더가 되어서는 안 된다. 준비되지 못하고 훈련되지 못한 사람이 리더의 자리에 있으면, 하나님의 교회가 세상의 방식에 영향을 받을 수도 있기 때문이다.

제자훈련이라는 단어가 여러 가지 오해를 불러일으키는 이유는 바로 이 훈련 과정 안에 제자훈련이라는 1년짜리 프로그램이 있기 때문이다. 소위 사람들이 말하는 제자훈련은 차라리 '리더십 트레이닝'이라고 생각하면 더 이해가 쉬울 것이다.

'제자훈련'이라는 단어는 아래 세 가지로 나누어 정의할 수 있다.

광의적 의미	목회의 전 과정으로 '제자훈련 목회'
협의적 의미	훈련 과정 전체 〈제자훈련 + 사역훈련〉
	훈련 과정 안의 1년 프로그램 〈제자훈련〉

'제자훈련'이라는 말에는 첫째, 새가족부터 리더 모임까지의 전 목회 과정이 모두 포함되어 있다. 둘째, 훈련 사역 전체로서 '제자훈련 사역'이라고

말할 수 있다.

여기서 말하는 '제자훈련'은 제자훈련 1년과 사역훈련 1년을 포함한 2년 과정의 훈련 사역 전체를 뜻한다. 셋째, 훈련 과정 안에서 이루어지는 1년짜리 프로그램으로서의 '제자훈련'이다. 지금 한국 교회 안에서는 이처럼 '제자훈련'이라는 이름이 다양한 의미로 혼용되어 쓰이고 있다. 이 책에서는 광의적 의미로 사용할 때는 '제자훈련 목회'라는 말을 쓰고 협의적 의미에서 훈련 과정 전체를 의미할 때는 '훈련 과정' 또는 '훈련 사역'이라는 말을 쓰고, '제자훈련'이라는 1년짜리 프로그램을 말할 때는 '제자훈련 프로그램'이라고 할 것이다.

결국 양육과 별개로 훈련 사역으로서의 제자훈련 사역이란 '양육 소그룹 리더를 훈련하는 과정', 즉 '리더십 트레이닝 코스'라고 이해해야 할 것이다. 그러면 제자훈련 과정에서는 왜 2년이나 되는 긴 시간 동안 리더를 양성해야 하는가?

제자훈련과 사역훈련은 소그룹으로 이루어지는 과정이다. 한 사람의 목회자가 최대 열두 명의 훈련생들과 소그룹 안에서 2년 동안 함께 지내면서 교육을 감당하게 된다. 소그룹으로 모이는 이유는 나중에 소그룹 리더가 될 사람들이므로 먼저 소그룹 안에서 이루어지는 '소그룹 다이내믹'을 경험하여야 하기 때문이다. 그리고 소그룹은 사람이 변화되는 가장 강력한 환경이기 때문이다. 그 2년의 과정을 통해 하나님의 말씀으로 무장해서 말씀을 인도하는 소그룹 리더로 세워진다.

■ 리더 모임 (순장반)

옥한흠 목사님에게 누군가 '당신의 사역에서 가장 중요한 것은 무엇입니까?'라는 질문을 했다면 아마도 '리더 모임', '순장반'이라고 말씀하셨을 것이다. 제자훈련에 대한 이해가 부족한 목회자들은 '제자훈련 과정'을 중요하게 생각하지만, 그보다 더 중요한 것이 바로 '리더 모임'이다. 옥한흠 목사는 사랑의교회에서 화요일 오전 10시~13시까지 리더 모임을 직접 인도했다. 이 시간에 리더들이 다 모여서 다음 주 주중에 인도할 성경공부에 대해 배웠다.

리더 모임은 제자훈련을 받은 사람들이 그 교재로 또 다른 사람들을 제자훈련 시키는 방식이 아니라, 제자훈련을 받은 소그룹 리더들이 양육을 감당하는 소그룹 교재로 성경을 가르치는 방식으로 이루어진다.

선교 단체식 제자훈련에 익숙한 사람들은 일대일 양육 방식으로 제자가 또 다른 제자를 낳는 '승법원리'를 생각할 수도 있지만, 교회 안에서 이루어지는 제자훈련은 승법이 아니라 훈련받은 소그룹 리더가 양육을 담당하고 양육된 사람들의 훈련은 목회자가 담당하는 방식으로 구성되어 있다. 왜 그런 방식으로 이루어지는가에 대해서는 성경적이라기보다는 목회적이라고 말하고 싶다.

일각에서는 성도를 온전하게 하는 것이 목회자의 일이기 때문에 제자훈련을 목회자가 해야 한다는 주장을 하기도 하지만, 그것이 100퍼센트 성경적 근거가 있는 말은 아닐 것이다. 또 시니어 제자훈련 같은 경우에는 목회자가 아닌 장로님들이 인도하기도 하였다. 그러나 기본은 목회자가 훈련 사역을 감당하고 훈련된 평신도 지도자들이 양육 사역을 감당하면서 함께 목회의 동역자가 되는 방식으로 이루어져 있다.

'한 사람이 두 사람을, 두 사람이 네 사람을'이라는 승법 방식은 성경적 근거가 부족하다. 월터 헨릭슨은 《훈련으로 되는 제자》(네비게이토 역간)에서 이런 승법의 방식을 통해 시간이 지나면 세계 복음화가 이루어진다는 산술적 통계를 이야기하기도 했다. 그리고 그것에 대한 성경적 근거로 자주 인용되는 말씀이 바로 디모데후서 2장 2절이다.

> 또 네가 많은 증인 앞에서 내게 들은 바를 충성된 사람들에게 부탁하라 그들이 또 다른 사람들을 가르칠 수 있으리라_딤후 2:2

그러나 바울이 말하는 원리는 승법의 원리라기보다는 충성된 사람들에게 부탁하라는 메시지일 뿐이다. 성경이 말하는 제자훈련은 승법의 원리가 아니라, 열두 제자를 소그룹으로 세우는 리더십 트레이닝에 가깝다. '승법 원리'가 아닌 평신도 지도자가 양육 소그룹 리더가 되는 방식에는 분명한 목회적 유익이 있다. 훈련 과정을 거친 리더들이 양육 소그룹을 맡고 목회자가 훈련 사역을 맡으면 '영적 성숙', 즉 그리스도를 닮아가는 성화의 과정이라는 제자훈련의 목표에 더욱 가까이 갈 수 있기 때문이다.

선교 단체식 제자훈련의 특징은 '재생산'을 목표로 한다는 점이다. 제자훈련을 통해 제자가 된 사람이 다른 사람을 제자훈련 시켜 다시 다른 사람을 양육하는 재생산을 목표로 하면 성도 모두를 특공대처럼 양육해야 하는 어려움이 생긴다. 그렇게 되면 탁월한 한두 사람의 모델만 집중적으로 부각되고 나머지 사람들은 그 일을 감당하기가 어려워질 것이다.

선교 단체 제자훈련은 훈련으로 사람이 변화된다는 생각을 전제로 한

다. 하지만 사람은 훈련으로 변화되는 것이 아니라 은혜로 변화된다. 훈련
이란 은혜를 받기 위한 통로일 뿐이다. 많은 평신도 지도자들이 목회의 동
역자로 헌신하며 사역하기 위해서는 '재생산'이라는 높은 목표를 향해 뛰기
만 해서는 안 된다. 목회자는 그들이 예수님을 닮아가는 제자 된 삶을 위해
함께 헌신하도록 도움을 주어야 한다.

리더 모임을 통해서 그 주간에 인도할 부분에 대해 배우고, 양육 단계에
있는 소그룹을 인도함으로 훈련 단계에 있는 목회자와 함께 제자훈련 목회
전체를 통해 예수님을 닮아가도록 하는 과정 속에 자연스럽게 '재생산'도
포함된다. 이는 행복을 위해 결혼생활을 하는 것이 아니라 거룩을 위해 결
혼생활을 추구할 때 행복이 따라오는 원리와도 같다.

> [13]우리가 다 하나님의 아들을 믿는 것과 아는 일에 하나가 되어 온전
> 한 사람을 이루어 그리스도의 장성한 분량이 충만한 데까지 이르리
> 니 [14]이는 우리가 이제부터 어린 아이가 되지 아니하여 사람의 속임수
> 와 간사한 유혹에 빠져 온갖 교훈의 풍조에 밀려 요동하지 않게 하
> 려 함이라 [15]오직 사랑 안에서 참된 것을 하여 범사에 그에게까지 자
> 랄지라 그는 머리니 곧 그리스도라_엡 4:13~15

제자훈련은 그리스도 안에서 장성한 분량까지 온 교인을 자라도록 하는
것이다. 그 일을 위해서 목사와 교사를 주셨고 함께 그리스도를 닮아가는
동역자로 사역하는 것이다.

결론적으로 제자훈련이란, 결국 '말씀으로 사람을 양육하는 소그룹 리

더를 양성하는 과정'이라고 할 수 있다. 양육 안에서 소그룹 성경공부를 인도할 수 있는 소그룹 리더를 양성해야 하기 때문에 2년 혹은 그 이상 소요되는 과정이 필요한 것이다.

어떤 교회는 소그룹 리더를 세울 때 대그룹 강의로 세우기도 한다. 그러나 소그룹 안에서 상호책임 관계를 통해 삶이 변화되는 소그룹 다이내믹을 경험해보지 못한 인도자가 소그룹을 인도하는 것은 바람직하지 않다. 적은 숫자이고 시간이 많이 걸리는 일이지만, 소그룹 리더십은 소그룹 안에서 세워져야 한다. 팀 켈러도《팀 켈러의 센터처치》에서 소그룹의 필요성에 대해 이렇게 말했다.

> "사람들을 제자화하는 (영적으로 훈련하는) 주된 방법은 공동체 훈련을 통해서이다. 은혜, 지혜, 그리고 성품에서 성장하는 것은 수업과 강의, 그리고 대형예배 모임, 또는 고독훈련을 통해서 일어나지 않는다. 성장은 깊은 관계와 공동체에서 일어난다. 복음의 의미가 머리로 깨달아지고 삶으로 실현되면서 가능해진다. 이것은 다른 어떤 환경이나 장소가 제공하지 못하는 것이다. 제자가 되는 요체는 구어적으로 표현하면 가장 많은 시간을 보내는 사람들과 닮아가는 것이다."[1]

제자훈련 목회에서 주된 훈련은 제자훈련과 사역훈련이다. 그러나 그 훈련 사역이 원활하게 이루어지려면 양육 단계에서부터 기초가 잘 다져져야 한다. 그 양육의 핵심이 바로 훈련 사역을 마친 리더들이 리더 모임을 통

---

1 팀켈러, 오종향 역, 《팀 켈러의 센터처치》(두란노, 2016), p. 651.

해 배운 것을 가지고 소그룹으로 양육하는 것이다. 제자훈련 목회에 대한 전반적인 이해가 있고, 이 모든 과정이 원활하게 이루어질 때 교회는 더 건강한 리더십을 배출할 것이다.

> [28]우리가 그를 전파하여 각 사람을 권하고 모든 지혜로 각 사람을 가르침은 각 사람을 그리스도 안에서 완전한 자로 세우려 함이니 [29]이를 위하여 나도 내 속에서 능력으로 역사하시는 이의 역사를 따라 힘을 다하여 수고하노라_골 1:28~29

바울의 고백처럼 내 속에서 역사하시는 이의 역사를 따라 나도 힘을 다하여 한 영혼을 위해 수고하는 것, 그것이 바로 제자훈련 목회이다.

또 네가 많은 증인 앞에서 내게 들은 바를
충성된 사람들에게 부탁하라
그들이 또 다른 사람들을 가르칠 수 있으리라

디모데후서 2:2

제자훈련과 전도훈련 두 기둥이 없이 건강한 교회로 존립하기는 쉽지 않다. 단지 교회를 유지하기 위해서가 아니라, 한 영혼을 주님께 올려드리는 우리의 몸부림을 통해 하나님은 큰 영광을 받으신다. 하나님 나라는 예수 그리스도를 바라보며 따르는 신실한 제자들로 인해 확장되어가므로 오늘도 우리는 훈련과 복음 전파에 매진해야 한다!

2장

교회의 두 기둥

내가 너희에게 분부한 모든 것을 가르쳐 지키게 하라 볼지어다
내가 세상 끝날까지 너희와 항상 함께 있으리라 하시니라

_마태복음 28:20

01
젊은이를 위한 사역

　젊은이가 교회를 떠나간다는 명제가 이상하게 들리지 않는 시대에 어떻게 젊은이들과 함께 제자훈련을 해나갈 수 있을까? 이번 장에서는 이러한 고민을 하는 목회자와 리더들을 위해 지구촌교회 대학지구 청년들과 함께 진행한 제자훈련과 전도폭발훈련의 사례를 구체적으로 다루려 한다. 성경적 제자훈련이 이루어지기 위해서는 반드시 그 사람을 전도자로 세우는 훈련이 필요하다. 그런데 젊은이들을 훈련에 참여하도록 독려하고 훈련을 이어가는 일은 녹록지 않다. 지구촌교회 대학지구에서는 젊은이들이 성공적으로 훈련을 마치고 예수 그리스도의 제자가 되어 세상에 보냄을 받기까지 그들이 처한 특수한 상황에 대한 깊은 이해를 하기 위해 노력했다.

영적 성장에 대한 진지한 고민

미국 초대형 교회 윌로크릭교회는 2004년 성도 1만 5천 명을 대상으로 자체 설문 조사를 했는데, 그 결과는 예상 밖이었다. 대부분의 사람들은 보통 '소그룹이나 주일예배 등 자원봉사와 같은 다양한 교회 활동에 대한 참여율이 높으면 하나님과 이웃에 대한 성도들의 사랑도 더 커진다', 즉 '교회 활동'과 '영적 성장'이 비례한다고 생각한다. 그런데 조사 결과 그 둘이 비례 관계에 있지 않았다.[1] 많은 교회 리더들이 지금까지 성도들이 다양한 프로그램과 예배에 참여하는 것을 보면서 당연히 영적인 측면도 성숙하리라 생각하며 안심했다. 그러나 그 기대는 무너졌다. 이들의 연구 결과는 우리에게 시사하는 바가 크다. 이제라도 우리는 목양하는 성도들의 영적 성장에 대해 객관적이고 진지하게 고민해야 한다.

지구촌교회 대학지구는 1,000개 교회, 25만 명의 교인들을 대상으로 영적 성장을 진단한 책《무브》의 접근을 신중하게 연구하며 토론했다. 그리고 지금까지 지구촌교회 젊은이목장에서 강조해왔던 중요한 두 가지 사역, '제자훈련'과 'Xee 전도폭발훈련'을 새로운 각도에서 보게 되었다. 이것은 사역에 동력을 가하는 계기가 되었다. 사역의 목적과 방향이 더욱 분명해졌기 때문이다. 그 결과 표면적 교회 활동 참석률을 높이는 사역이 아닌, 목양하는 젊은이들을 하나님과 이웃을 사랑하는 예수님의 사람들로 길러내는 데 집중하고 있다.

사실 이런 면에서 교회 사역은 매우 쉽지만 동시에 엄청나게 어렵다고

---

1 그렉 호킨스, 캘리 파킨슨, 박소혜 역 《무브》(국제제자훈련원, 2013), p. 23.

할 수 있다. 교회 사역이 쉬운 까닭은, 예수님께서 교회를 향해 주신 사명이 너무나 분명하기 때문이다.

> [19]그러므로 너희는 가서 모든 민족을 제자로 삼아 아버지와 아들과 성령의 이름으로 세례(침례)를 베풀고 [20]내가 너희에게 분부한 모든 것을 가르쳐 지키게 하라 볼지어다 내가 세상 끝날까지 너희와 항상 함께 있으리라 하시니라_마 28:19~20

예수님의 명령은 모호하지 않다. 교회의 궁극적 역할과 사명은 곧 예수님의 뜻을 이루어가는 제자가 되도록 돕는 것이다. 이것이 성경이 우리에게 바라는 것이다. 그러므로 교회가 감당해야 할 '무엇'에 대해서는 크게 논하지 않아도 충분히 답을 갖고 있다.

문제는 '어떻게'다. "어떻게 하면 성도들을 예수를 따르는 제자로 세워 갈 수 있을까? 어떻게 하면 젊은이들이 세상의 거센 파도에도 휩쓸리지 않고 당당하게 믿음의 행보를 이어갈 수 있을까?" 단순하지만 중요한 이 한 가지 질문에 지금까지 수많은 교회의 목회자들은 밤잠을 설치며 씨름하고 있다.

여기에는 한 가지 중요한 전제가 있다. 우리가 꿈꾸는 예수를 따르는 제자, 혹은 예수를 닮은 사람에 대한 분명한 정의를 찾는 것이다. 그것이 젊은이들을 그리스도의 제자로 세워가는 중요한 방향이 되기 때문이다.

하나님은 인간을 지으실 때 '하나님의 형상'(Imago Dei)을 닮은 존귀한 존재로 지으셨다(창 1:26). 여기서 '하나님의 형상'에 대한 다양한 신학적 견해가 무엇인지를 차치하고라도, 인간만이 갖는 특별함과 존엄성이 있음을 우리는 잘 안다. 이것은 하나님께서 당신의 형상으로 지은 인간에게 부여하신 하나님의 사명과 능력을 통해서도 잘 알 수 있다.

> [26]하나님이 이르시되 우리의 형상을 따라 우리의 모양대로 우리가 사람을 만들고 그들로 바다의 물고기와 하늘의 새와 가축과 온 땅과 땅에 기는 모든 것을 다스리게 하자 하시고 [27]하나님이 자기 형상 곧 하나님의 형상대로 사람을 창조하시되 남자와 여자를 창조하시고 [28]하나님이 그들에게 복을 주시며 하나님이 그들에게 이르시되 생육하고 번성하여 땅에 충만하라, 땅을 정복하라, 바다의 물고기와 하늘의 새와 땅에 움직이는 모든 생물을 다스리라 하시니라_창 1:26~28

하나님은 스스로 모든 것을 할 수 있음에도 인간에게 하나님께서 창조하신 피조 세계를 다스리는 사명을 주셨다. 그뿐만 아니라 그 사명을 감당할 수 있는 충분한 지혜와 능력을 주셨다. 그것이 바로 하나님으로부터 받은 인간의 '축복'이다. 본래 부여하신 '하나님 형상'으로서 하나님 안에서 그 사명을 감당할 때에 인간은 가장 큰 복을 누리는 것이다.

그러므로 하나님께서 인간을 향해 애타게 원하시는 것은 결국 인간이 하나님의 형상을 회복함으로 하나님의 자녀로서의 축복을 누리는 것이다. 하나님께서는 이 일을 이루기 위해 인간이 당시 상상할 수 없는 놀라운 일을 행하셨다. 하나님께서 친히 인간의 자리에 오셔서 십자가의 대속으로 일그러진 죄인들을 구원하신 예수 십자가와 부활 사건 말이다. 예수님의 대속하심은 인간에게 새로운 하나님의 피조물로서의 회복을 가져왔으며 새로운 정체성을 부여하신 구원의 사건, 곧 복음이 되었다.

그렇다면 우리가 목양하는 젊은이들을 어떤 '제자'로 세워갈지에 대한 방향이 좀더 명확해졌다. 예수 십자가와 부활의 선명한 복음으로 하나님의 형상을 회복하게 하는 것이다. 그리고 개인이 하나님의 형상으로의 회복을 넘어 하나님 자녀로서의 사명자로 세워가는 일이다. 예수 그리스도 안에서 새로운 피조물이 되는 것이며(고후 5:17), 그리스도 안에서 온전한 자의 삶을 사는 것이다.

> ²⁷하나님이 그들로 하여금 이 비밀의 영광이 이방인 가운데 얼마나 풍성한지를 알게 하려 하심이라 이 비밀은 너희 안에 계신 그리스도시니 곧 영광의 소망이니라 ²⁸우리가 그를 전파하여 각 사람을 권하고 모든 지혜로 각 사람을 가르침은 각 사람을 그리스도 안에서 완전한 자로 세우려 함이니_골 1:27~28

　　이 말씀은 그리스도의 온전한 자로 세워가는 제자훈련의 중요한 기준 두 가지를 보여준다.

　　첫 번째 제자훈련의 중심은 양육을 통한 그리스도의 영광을 누리는 것이다.

　　양육은 각 사람을 권하고 가르쳐 그리스도 안에서 완전한 자로 세우는 일이다. '그리스도 안에서 완전한 자가 된다'는 말은 완벽한 사람이 아닌 성숙한 자가 된다는 것을 의미한다. 그것은 그리스도 안에서 그리스도의 영광을 경험하는 일이다. 교회의 가장 중요한 역할이 무엇인가! 한 사람을 잘 양육해서 그리스도의 영광 가운데 살아가게 하는 것이다. 이것이야말로 인간을 창조하신 하나님의 가장 큰 목적이기 때문이다.

⁶내가 북쪽에게 이르기를 내놓으라 남쪽에게 이르기를 가두어 두지
말라 내 아들들을 먼 곳에서 이끌며 내 딸들을 땅 끝에서 오게 하며
⁷내 이름으로 불려지는 모든 자 곧 내가 내 영광을 위하여 창조한 자
를 오게 하라 그를 내가 지었고 그를 내가 만들었느니라_사 43:6~7

그러므로 제자훈련 안에는 성경을 가르치고, 기도를 훈련하게 하고, 전
도를 실천하며 개인의 인격과 성품에 대한 다양한 훈련이 포함되지만 그
중심은 예수 그리스도이시다. 어떠한 교육 커리큘럼도 예수의 영광을 맛보
게 하며 예수를 증거하고, 예수와 동행하는 일에 앞설 수 없다. 모든 인생은
그 영광 앞에 설 때 자신의 빗나간 죄인 됨을 고백할 수 있으며, 내 안에 계
신 예수님의 심정을 깨닫고, 나의 인생이 어떤 것으로도 하나님 앞에 자랑
할 것 없음을 알게 된다(고전 1:29).

두 번째 제자훈련의 중심은 1장에서 다루었듯이 한 영혼, 한 영혼, 각 사
람을 전도자로 세우는 것이다.

하나님께서는 우리에게 이 비밀의 영광을 이방인들에게 전파하는 사명
을 주셨다. 즉 복음의 영광을 전파하는 전도이다. 한 영혼을 그리스도께로
인도하여 주님과 한 몸을 이루는 전도야말로 우리가 해야 할 사역 중 가장
중요한 사역이다. 이것보다 더 중요한 것은 없다. 나를 왜 구원하셨는가. 나
만 구원받아 천국 가기 위해서가 아니라 다른 사람들도 구원하는 것이 바
로 전도 사역이다. 전도는 어떤 특별한 은사를 받은 사람이 하는 것이 아니
라 모든 그리스도인에게 주어진 가장 보편적인 명령이며 주께서 주신 지상
명령이다.

신약 시대에 '제자'라는 말은 스승의 가르침을 받기 위해 찾아간 이들을 일컫는 표현이었다. 그런데 예수께서 제자를 삼으신 방법은 스승이 직접 각 사람을 만나 제자를 삼는 것이었다.

예수님은 고기잡이 베드로를 찾아가셨다. 세관에 앉은 마태를 찾아가셨다. 허무주의자 나다나엘을 만나주셨다. 예수님이야말로 각 사람의 필요를 잘 아시는 분이기에, 그들을 만나 예수를 따르는 자로 부르셨던 것이다.

이 점은 교회 규모와 상관없이 언제라도 제자훈련을 시작할 수 있는 중요한 동기가 된다. 그런데 각 사람을 세우는 제자훈련으로만 끝나서는 안된다. 각 사람이 그리스도 안에서 온전한 사람으로 세워짐을 통해 그리스도의 몸을 이루는 데 그 목표가 있다.

제자훈련과 전도훈련의 균형

이는 성도를 온전하게 하여 봉사의 일을 하게 하며 그리스도의 몸을 세우려 하심이라_엡 4:12

몸은 공동체이다. 예수 안에서 온전한 사람이 된 각 지체는 서로가 함께 모여 하나 된 유기적인 생명체, 즉 한 몸을 이뤄야 한다. 그러므로 제자훈련을 통한 개인의 영적 훈련은 반드시 공동체 훈련과 공동체의 영성으로 확대되어야 한다. 개별성과 공동체성이 균형을 이루는 것이다. 또한 개인의 개성을 존중하며 서로가 하나 되는 공동체를 지향하는 것이다.

어느 개인의 특별함이 부각되거나 그것을 자랑하는 것이 아닌, 공동체가 함께 그리스도의 온전함을 추구하며 세워가야 한다. 이것은 확장된 전도에 대한 새로운 도전이다. 흔히 전도를 구원받은 개인이 다른 사람에게 구원의 복된 소식을 선포하고 예수께로 인도하는 것으로 표현하는데, 전도는 더 나아가 그리스도 안에서 믿음의 공동체를 함께 이루고 각 사람을 함께 세워가는 과정까지라야 할 것이다.

이것은 지구촌교회 대학지구가 '제자훈련'을 'Xee 전도폭발훈련'과 함께 진행하여 제자훈련의 균형을 이루게 한 중요한 기준이다. 제자훈련의 가장 큰 강점은 귀납적 방법과 소그룹으로 운영된다는 점이다. 귀납적인 방법은 기존의 강의 및 설교와 같이 교역자의 일방적인 가르침이 아닌 훈련생들 서로 간의 느낌과 견해들을 자유롭게 생각하며 표현할 수 있다는 장점이 있다. 반면, 소그룹 운영은 훈련생들 간의 친밀한 관계 형성을 가능하게 해줄 뿐 아니라, 교역자가 개개인의 믿음과 삶을 세밀하게 관찰하는 데 도움을 준다.

이렇게 소그룹 제자훈련은 훈련생들이 복음을 잘 이해하게 하며 그 복음이 개인의 인격과 삶에 대한 진지한 고민과 성찰을 갖게 하는 데 좋은 훈련의 장이 된다. 하지만 제자훈련만으로는 부족한 측면이 분명히 있다. 내가 경험한 복음을 삶의 현장에서 구체적으로 전하는 전도자의 사명을 감당하는 부분이다. 오랫동안 신앙생활을 했음에도 불구하고 대부분은 전도의 현장을 두려워하고 있으며, 교회로 초청하는 데까지는 애쓰지만, 전도 대상자를 그리스도와 한 몸을 이루어 공동체로 세워가는 데까지 나아가지 못하는 것이 현실이다. 그러므로 '제자훈련'은 단순히 한 개인을 성장시키는 '양육'만이 아닌 반드시 '전도'를 통해 공동체가 함께 세워져가는 균형이 필요하다.

이를 위해 지구촌교회 젊은이목장에서는 다양한 전도훈련 방법 중 Xee 전도폭발훈련을 선택했다. Xee 전도폭발훈련은 젊은이들이 접근하기 좋은 '대화식 전도법'이라는 측면과 훈련을 받는 과정에서 훈련자와 훈련생 간의 목양적 돌봄이 있다는 장점을 갖고 있다.

영적 성장에 따른 훈련 방법

제자훈련에 대한 이해와 교육적 접근 방법은 다양할 수 있다. 사실 제자 훈련을 하고자 하는 동기가 분명하고, 목적이 뚜렷하다면 어떻게 실행할지 에 대한 방법은 다양한 측면에서 생각할 수 있다. 하지만 제자훈련을 실행 하기에 앞서 훈련의 대상을 '누구'로 할 것인가에 대한 진지한 고민은 또 다 른 측면에서 매우 신중해야 한다. 대상에 따라 제자훈련의 교재와 커리큘 럼, 진행 방법도 달라질 수 있기 때문이다.

가장 효율적인 훈련은 교회가 각 대상에게 맞는 교육 방법과 내용으로 훈련을 하는 것이다.

훈련 대상은 1장에서 소개한 '윌로크릭교회에서 시행한 양육의 4단계' 에 따라 설명하겠다. (39쪽 참조.)

만일 처음 교회 공동체를 경험한 첫 번째 단계인 '그리스도를 알아감'에 있는 사람을 훈련 대상으로 삼았다면, 그 훈련은 신앙의 기본 진리와 기초 를 다지는 데 목적을 두어야 한다. 세 번째 '그리스도와의 친밀함'에서 네 번째 '그리스도 중심'의 삶을 향해 도전하는 이들을 대상으로 삼았다면, 구 체적인 적용과 실천을 강조한 훈련이 진행되어야 한다. 가장 좋은 것은 이렇게 신앙 성숙의 단계에 있는 그룹들을 한 반씩 묶어서 훈련의 기회를 제공하는 것이다. 하지만 대부분의 교회는 제한된 사역자와 환경, 그리고 실제적인 다양한 어려움 등으로 단계별 제자훈련반을 모두 실행하기에 한계가 있다.

예수를 믿는 모든 그리스도인은 마땅히 예수를 따르는 제자가 되어야 하기 때문에 모든 단계의 사람이 제자훈련을 시작하는 첫 번째 그룹이 될 수 있지만, 제자훈련을 시작하는 단계에 있어서는 전략적으로 대상을 구체적으로 설정하는 것이 좋다. 먼저 '그리스도를 알아감'의 첫 번째 그룹과 '그리스도 안에서 성장'하는 두 번째 그룹에 속한 사람들이 여기에 해당한다.

첫 번째 그룹 '그리스도를 알아감'의 사람들은 이제 막 처음 교회에서 신앙생활을 시작했거나 소위 모태신앙으로 오랫동안 신앙생활을 했지만 복음에 대한 확신이 별로 없으며 종교적인 교회 생활에만 머물러 있는 상태에 있다. 이들은 종종 이렇게 말한다.

"저는 예수님을 안 믿는 것은 아니에요. 하지만 꼭 예수를 믿어야 구원받는다는 것은 조금 받아들이기 어려워요.", "하나님이 모든 것을 용서하시는 분이라면 우리가 예수님을 믿지 않는다고 해서 천국에 가지 못할 이유가 있나요?", "사랑의 하나님이 왜 우리에게 고통을 주시는 것이죠? 저는 하나님을 신뢰할 수 없어요", "교회는 어려서부터 다녔지만, 아직 구원의 확신은 없어요."

이들은 예수님을 알아가기 시작한 사람들로, 분명 예수님에 대한 관심이 있다. 어떻게 하면 그분과 관계를 맺을 수 있을지도 알고 싶어 한다. 다만 하나님을 알고 싶은 마음은 있지만 동시에 하나님을 온전히 사랑할 수는 없는 때가 많다. 심지어 교회를 다닌 기간은 길지만, 하나님에 대한 목마른 마음이 식어 있고, 영적인 성장에 대한 시급성을 전혀 느끼지 못하는 예도 있다. 스스로 성경을 읽거나 예배와 기도에 대해 소홀한 경우가 대부분이다. 이들이야말로 바로 제자훈련의 대상이며, 결코 방치해서는 안 되는 사람들이다. 많은 경우 교회 안에서 다수를 차지하는 그룹이다. 오랫동안 영적 성장이 멈추어 있기 때문에 제자훈련을 독려하기가 가장 어렵지만, 동시에 가장 시급한 사람들이므로 포기해서는 안 된다.

두 번째 그룹인 '그리스도 안에서 성장함' 단계에 있는 사람은 이제 막 열린 마음으로 하나님을 대하는 사람들이다. 교회에서 제공하는 다양한 예배와 소그룹 모임에 참여하기 시작했고, 새가족 훈련과 같이 기본적인 교육을 이수했으며, 수련회와 같은 신앙훈련에도 참석하고 있다. 청년부 활동은 물론 성가대, 교사 등과 같은 다양한 헌신의 자리에도 있을 수 있다. 어쩌면 교역자들은 그들의 신앙에 크게 신경 쓸 일이 없어 보인다고 생각할지도 모르겠다. 하지만 이들은 주일에 신앙생활하는 모습과 일상의 모습이 크게 다를 수 있다. 여전히 일상에서 하나님과의 친밀함을 경험하지 못하고 있으며 성경을 꾸준히 읽어본 경험이 없다. 예배는 드리고 있고, 소그룹 모임은 참석하지만, 말씀이 삶으로 적용되거나 깊은 나눔과 간증을 하는 것을 매우 어려워한다.

우리가 첫 번째와 두 번째 단계의 사람을 제자훈련의 첫 번째 대상으로 삼는 가장 큰 이유는 이들이야말로 복음의 기초가 가장 필요한 사람들이기 때문이다. 그뿐만 아니라 대부분 교회 전체 구성원의 30~40퍼센트로 가장 큰 비중을 차지하고 있는 다수의 그룹이다. 리더들을 양육하는 데 집중하다 보면 소수의 열성 있는 사람들에게 시선이 머물 수 있는데 사실 교역자들이 가장 큰 힘을 기울여야 할 공동체의 구성원은 바로 1~2단계의 사람들이다.

젊은이들을 대상으로 제자훈련을 할 때 생각해볼 또 하나의 문제는 대상자의 상황(context)에 대한 고민이다. 요즘 우리나라 대학생들의 생활 패턴을 보면 학교에서 공부만 하는 경우는 드물다. 아르바이트는 물론 동아리 모임, 취업을 위한 대외활동, 자격증 준비, 어학 준비 등으로 눈코 뜰 새 없이 바쁘게 산다. 주말이면 가족 식사, 여행으로 주일에 예배 한 번 드리는 것조차 쉽지 않다. 학교가 멀어 장거리 통학을 하는 경우 평일 저녁 시간을 할애하는 것도 쉽지 않다. 직장을 다니는 사회 초년생이라면 상황은 더 심각할 수 있다. 끊임없는 긴장과 갈등의 치열한 일주일을 보낸 청년들이 자신의 시간을 쪼개어 훈련받기란 결코 쉽지 않다. 요즘같이 '욜로' 문화와 개인의 행복을 제일의 가치관으로 여기는 청년들의 마음을 움직이려면 특별한 노력이 필요하다. 그러므로 섣불리 교역자의 '열심'으로 청년들에게 무언가 강요하거나, 청년들이 보내는 일상의 환경과 상황을 고려하지 않은 채 밀고 가는 어리석은 우를 범해서는 안 될 것이다.

그러나 이러한 상황과 환경에 처해 있다고 손 놓고 있을 수는 없지 않은가! 이런저런 상황으로 제자훈련을 시작하는 것조차 망설이는 분들에게 환경적 어려움은 극복할 수 있다고 자신 있게 말할 수 있다. 우리가 훈련할 목양 대상들이 얼마나 어려운 상황에서 훈련에 도전해야 하는 것인지에 대한 충분한 공감과 이해를 갖고 접근한다면 말이다. 특별히 젊은이들과 같이 시간적인 제약을 많이 받는 구성원들에게는 1~2년 정도의 오랜 기간이 아닌 한 학기 동안의 임팩트 있는 훈련이 요구된다.

다음 챕터에서는 대학부 제자훈련의 구체적인 예를 소개하겠다.

02
대학부 제자훈련

　지구촌교회 대학부에서는 매 학기 제자훈련 접수일이 되면 접수 시간 1~2시간 전부터 서로 앞다투어 로비에 줄을 길게 늘어선 모습을 볼 수 있다. 제자훈련 대리 접수를 막기 위해 목자 1명이 훈련생 1명만 대신 신청해 줄 수 있다는 규칙까지 마련되어 있다.

　나는 교회 사역의 꽃은 제자훈련이라 감히 말한다. 특히 어려운 시절을 보내고 있는 젊은이들이 제자훈련에 소망을 품고 지원하는 모습은 말할 수 없는 감동으로 다가온다. 물론 그 열매 또한 감격스럽다.

　다음 페이지에 있는 사진은 제자훈련 신청 접수를 하기 위해 줄을 서 있는 청년들의 모습이다.

제자훈련 접수를 하기 위해 줄을 선 지구촌교회 대학지구 청년들

　성도들에게 제자훈련에 대한 반응이 있을까? 특히 누구보다 바쁘게 살아가는 대학생들에게 제자훈련을 적용하는 것이 가능할까? 물론이다! 어떻게 가능할까? 지구촌교회 대학지구는 제자훈련을 통해 변화된 사람들이 확실한 증거가 된다. 아래의 짧은 간증문을 봐도 제자훈련을 통해 이전의 삶과 이후의 삶이 극명하게 달라진다는 것을 쉽게 알 수 있다.

제자훈련에서 배운 내용이 모두 기억나는 것은 아닙니다. 하지만 제자훈련을 통해 내 안에 분명히 변화된 사실은 하나님을 향한 마음과 이 땅에서 살아가는 삶에 대한 마음가짐이 달라졌다는 것입니다. 이전에는 우울함과 무기력함으로 하나님이 나를 세상 속에 버리셨다는 생각이 저를 지배했습니다. 그러나 제자훈련을 통해 하나님께서 나를 사랑하신다는 사실과 나를 향한 선하신 계획이 있다는 것을 신뢰하게 되었습니다. 불안했던 감정들은 하나님을 향한 기대감으로 변했고 하루하루가 하나님이 주신 달란트를 찾는 시간으로 변했습니다. 그리고 그 달란트를 찾아서 하나님을 위해 쓰는 그날을 기대하며 살아가고 있습니다. 이렇게 나의 삶을 변화시켜주신 하나님께 이 모든 영광을 드립니다.

_ 2019년 1학기 제자훈련 수료생 간증문 중

제자훈련의 기획과 준비

　제자훈련 기획은 개강 3개월 전에 한다. 기획 단계에서 결정해야 할 사항은 제자훈련 계획서를 바탕으로 훈련의 일정과 내용, 강의 대상자 선정과 반 수, 강사 등이다. 기획 시기는 대학생의 경우 방학 시즌이 되는데 1학기인 3월 개강을 앞두고 있다면, 연초에서 1월이 좋다. 2학기인 9월 개강을 준비한다면 6월 말에서 7월이 적당하다.

　기획 단계에서 가장 중요한 것은 부서 내 교역자들 혹은 리더들과 충분한 토의를 거쳐야 한다는 점이다. 동역자들과 제자훈련을 하는 동기와 철학이 공유되어 있지 않으면 서로 다른 방향으로 진행되기 쉽다. 우리는 부서 내에 새로운 교역자가 부임하면, 첫 학기는 제자훈련 수업을 참관하게 한다. 훈련받는 훈련생들과 똑같이 암송 시험도 보고 과제도 준비하게 한다. 제자훈련에는 단순한 성경적 지식을 가르치는 것이 아니라, 공동체가 지향하는 목회철학이 반드시 반영되어야 하기 때문이다. 따라서 교역자가 충분히 제자훈련의 현장을 경험하고 숙지한 뒤 제자훈련을 강의할 수 있도록 안내한다.

　공동체 리더의 경우, 제자훈련을 신청할 수 있도록 가장 앞장서줘야 할 그룹이다. 교역자가 광고하고 안내해주는 것도 필요하지만 실제적인 훈련에 참여할 수 있도록 이끄는 것은 또래 리더들이다. 그러므로 누구보다 리더들과 제자훈련의 필요성을 충분히 공유해야 한다.

제자훈련 모집 접수는 매 학기 마지막 방학 주간 주일에 한다. 개강 1~2개월 전에는 교역자와 목자(리더)가 다음 학기 제자훈련을 받게 될 대상자들을 미리 파악해야 한다. 제자훈련은 공동체에 리더가 세워지는 발판이기 때문이다. 목장에서는 제자훈련이 어떤 유익이 있을지, 또 얼마나 중요할지에 대해 반복해서 강조하며, 교역자는 목자가 추천해준 대상과의 면담을 통해 훈련을 독려한다. 앞서 살핀 영적 성장의 첫 번째 그룹 '그리스도를 알아감'과 두 번째 그룹 '그리스도 안에서 성장함'에 속한 사람들은 제자훈련에 자발적으로 참여하려 하지 않는다. 이들은 제자훈련에 임할 마음이 아예 없지는 않으나, 개인적으로 어려운 문제를 하나씩은 갖고 있어 망설이는 경우가 많다. 교역자는 심방을 통해 그 문제를 공감하고, 어떻게 하면 어려운 상황을 넘고 훈련에 임할 수 있을지 충분히 동기 부여를 해야 한다. 이 과정에서 교역자와의 상담을 충분히 가질 경우 이후 중도 탈락할 확률이 낮아진다.

　　지구촌교회 대학부 제자훈련 모집은 오프라인 선착순으로 한다. 이때 대학에서 인기 강의를 수강하기 위해 미리 줄을 서는 것처럼 매 학기 경쟁이 치열하다. 얼마든지 온라인 혹은 메신저를 이용해서 편리하게 접수할 수도 있지만, 훈련에 참여하는 본인이 직접 교회를 방문하는 수고로움은 훈련생에게 적극적인 마음가짐을 갖게 할 뿐 아니라, 전체적인 참여율을 높이는 데 효과적이다.

　　제자훈련반은 주중반(금요일)과 주말반(토요일)으로 교역자별로 1~2개를 개설한다. 각 반에는 인원수를 12명으로 제한한다. 물론, 수강 지원자가 많은 경우에는 15명까지도 진행하지만 12명 이내로 진행하는 것이 가장 효과적이다. 개인적인 사정으로 탈락하는 경우를 대비해 후보 명단도 받고 있다. 주중반과 주말반을 동시에 운영해야 장거리 통학, 주말 아르바이트 등 다양한 상황에서 최대한 배려를 받을 수 있다.

신청서에는 개인 신상과 함께 간단한 지원 동기, 비전 등을 기재한다. 또한 한 학기 제자훈련을 처음부터 끝까지 잘 감당할 수 있도록 기도로 돕는 중보기도 후원자 2명 이상의 명단을 기록한다. 중보기도자의 경우 보통 목장의 목자와 제자훈련을 수료하지 않은 목원들을 지정하게 하는데, 한 학기 동안 기도해주면서 제자훈련에 대한 동기와 마음을 함께 품고 차기 제자훈련을 준비하게 한다.(208쪽 제자훈련 신청서 참조.) 신청서에는 목자(리더)의 추천서가 필요하다. 목자 추천서에는 훈련생에 대한 주관적인 강점과 단점, 교역자가 특별히 인지해야 할 특이사항들을 기록한다.(209쪽 제자훈련 목자 추천서 참조.) 목자는 추천서를 작성하는 과정에서 훈련생을 위해 기도로 함께할 수 있다.

제자훈련의 실행

커리큘럼은 1강부터 수료식까지 총 16주 과정으로 구성되어 있다. 주교재는 국제제자훈련원에서 출간한 《제자훈련 Ⅰ,Ⅱ,Ⅲ》을 사용한다. 물론 앞서 언급한 대로 시간에 쫓기는 대학생들의 일상을 고려해서 교재의 모든 주제를 다 다루지는 않는다. 가장 필요한 교리적인 면과 신앙생활의 기초가 될 부분을 다음 페이지의 표와 같이 선택했다.

	강의 내용	독서 과제	암송 구절	성경 읽기	생활 숙제
	비전 기도회 & OT				
1강	나의 신앙 고백과 간증		롬 10:9~10, 마 16:16	마	간증문 작성
2강	영성큐티 (하나님과 매일 만나는 생활)		히 4:16, 애 3:22~23	막	배운 대로 간증문 다시 작성/ 학업, 신앙 목표 적어오기
3강	살아 있고 운동력 있는 말씀 성경의 권위		딤후 3:16, 벧후 1:21	눅	일주일 삶의 스케줄표를 30분 단위로 만들어오기
4강	무엇이 바른 기도인가? 기도의 응답		빌 4:6~7, 요 15:7	요	한 주간 성경책 들고다니며 읽기/ 말씀 격려 문자 보내기 / 성경 목록 외우기
5강	하나님은 누구신가?		롬 11:36a, 렘 31:3b	행 1~14	한 주간 기도노트 작성하기
6강	예수 그리스도는 누구신가?	과제 1	히 4:15, 요 14:6	행 15~28	배운 대로 예배드리고 소감 적어오기
7강	고난주간 특별새벽기도회 참석				
8강	인간의 타락과 그 결과		롬 5:12, 히 9:27	롬	예수님께 편지 쓰기
9강	예수 그리스도의 죽음		롬 5:8, 갈 3:13	고전~후	지금까지 지었던 모든 죄를 생각나는 대로 다 적어오기
10강	예수 그리스도의 부활		갈 2:20, 롬 4:25	갈~ 살후	한 주간 예수님처럼 희생하고 헌신했던 경험 적어오기
11강	약속 대로 오신 성령 우리 안에 계시는 성령		행 2:38, 갈 5:22~23	딤전~빌	묘비명 지어보기/ 부활의 증인으로 사명 선언문 지어보기
13강	순종의 생활 봉사의 의무		요 14:21, 빌 2:3~4	히~벧후	한 주간 성령의 능력으로 말미암아 죄를 이기고 감정을 다스린 경험 적어오기
14강	그리스도를 증거하는 생활 (말의 덕을 세우는 사람)	과제 2	마 28:19~20, 마 5:16	요1~계	가족들 발 씻어 주기
15강	그리스도의 주재권		롬 14:7~8, 계 3:20		전도의 경험 나누기/ 다음 학기 사역 정하기
16강	제자훈련 Festival				

강의의 주제에 따라 훈련 내용이 좌우되므로 주제를 선정할 때는 매우 신중해야 한다. 사용할 교재에는 대상과 교회 전체의 목회철학이 잘 반영되어야 한다. 그러나 어떤 교재를 사용하느냐에 못지않게 더 중요한 것은 '어떻게 강의할 것인가'이다.

제자훈련을 강조하는 이유는 바로 소그룹 나눔에 있다. 제자훈련은 교역자의 일방적 가르침이 아니다. 훈련생들 서로의 생각을 묻고 그 이유에 대해 나누면서 성경 안에서 진리가 발견되는 방법이다. 나눔은 제자훈련의 중요한 역할 중 하나이다. 각자가 12~15명의 서로 다른 사람들의 이야기를 듣고 나누면서 사고와 관계의 폭을 넓히게 된다. 점점 개인주의화가 되고 혼자만의 생각과 공간에 고립되어 있는 젊은이들에게 공동체 안에서의 나눔은 신앙 성장과 더불어 인격 성숙에 좋은 영향을 준다. 그러므로 각 질문은 성경에 근거해야 하며, 그 질문이 충분히 공감되고 나눔이 될 수 있어야 한다.

나눔은 한 사람이 전체에 발표하거나, 두 사람씩, 혹은 3~4인 모둠별로 할 수 있다. 교역자의 일방적인 가르침이 아닌 충분히 자신의 생각을 나눌 수 있는 환경을 조성하는 것이 가장 중요하다. 강의 시간에 하는 나눔 외에도 카카오톡을 활용하여 주중에 말씀 묵상을 올리고, 서로의 기도 제목을 나누는 형식으로 나눔을 이어갈 수 있다.

강의 시간은 보통 3시간 30분에서 4시간가량 소요된다. 주말반의 경우 보통 저녁 6시에 시작되는데, 토요일 저녁 4시간을 온전히 제자훈련에 할애한다는 사실이 의아할 수도 있다. 훈련생들도 처음에는 지레 겁을 먹는 경우가 있지만, 4시간은 충분한 나눔을 위해 구성된 것이다. 조별 나눔 시간은 물론 조원이 함께 준비한 간식 시간도 포함되어 있어 그리 길게 느껴지지 않는다.

강의 시간 예시는 아래 제시한 표와 같다.

시간	내용
6:00~6:10	출석 및 암송시험
6:10~6:30	지난 주 과제 점검, 큐티 나눔
6:30~7:30	나눔
7:30~8:00	간식 교제
8:00~9:20	나눔
9:20~10:00	기도회 및 POST 조별 나눔

■ 당일 강의 순서

① 아이스 브레이크를 실시한다.

② 출석 체크를 한 후 예습, 성경 암송, 성경 읽기, 큐티, 생활 숙제를 점검한다.

③ 생활 숙제를 점검한 후 생활 숙제에 관해 서로 나눈다.

④ 훈련 교재를 가지고 강의를 한다.

⑤ 강의 내용 중 나눔이 필요한 질문을 가지고 중간중간 나눔을 한다.

⑥ 강의 마지막에 생활 숙제를 내준다.(생활 숙제는 교재 가이드를 따라도 좋고, 당시 일어나고 있는 사회의 전반적인 이슈나 상황에 맞게 해도 좋다.)

⑦ 기도회로 전체 모임을 마무리하고 조별 모임을 한다.

⑧ 조별 모임 시 나눔 질문(나눔지)을 가지고 서로의 생각과 의견, 은혜

들을 나눈다.

⑨ 조별 모임 후 POST 모임(반장과 조장)을 한다.(조장은 과제물이 있을 경우 걷는다.)

⑩ 강의 중간에 10~15분 정도 쉬는 시간을 갖는다.

⑪ 강의를 마친 후 강의실을 정리한다.

여기서 잠깐, 제자훈련 과제를 어떻게 내주는지 소개하겠다.

과제는 독서 과제, 생활 숙제, 필수 과제로 나눌 수 있다. 독서 과제는 매 학기 2회 지정된 책을 읽고 느낀 점을 제출하는데, 신앙의 기초를 다지는 데 도움이 되는 책들을 필독서로 한다. 생활 숙제와 필수 과제는 강의마다 각 주제에 맞는 내용으로 내준다. 그중 필수 과제에는 성구 암송, 성경 읽기, 큐티가 포함된다.

특별히 제자훈련에서 강조하는 것은 성경 읽기와 매일 성경 묵상이다. 2주 차에는 목회리더십연구소에서 만든 교재《영성큐티》를 토대로 묵상 훈련을 하고 있다. 매일 꾸준히 읽고 묵상하는 경건의 훈련은 벌금을 책정해 체크할 정도로 꼼꼼히 검사한다. 말씀 훈련의 결과가 제자훈련 기간은 물론, 이후의 신앙생활에 큰 변화를 가져오기 때문이다. 성경을 매일 읽고 묵상하는 일은 아무리 강조해도 지나침이 없다. 성경 읽기는 주일예배 설교가 오랫동안 성도들의 마음과 삶을 지배하도록 돕는다. 또한 주일에 받은 말씀을 주중의 삶으로 연결하는 데 도움이 된다. 이는 제자훈련에서 가장 중요한 부분이다.

제자훈련 과정에서 또 하나의 중요한 시간은 기도하는 시간이다. 제자훈련을 통한 개인의 변화는 성령 하나님의 전적인 역사임을 신뢰하기 때문에 기도가 정말 중요하다. 제자훈련의 커리큘럼 1주 차는 오리엔테이션 시간이다. 오리엔테이션은 교역자와의 첫 만남 시간으로, 한 학기 동안 진행될 강의에 대한 소개와 전반적인 안내를 한다. 그런데 우리는 오리엔테이션에 앞서 '제자훈련 비전 기도회'라는 이름으로 모여 뜨겁게 기도하는 시간을 가진다. 이때는 제자훈련생들을 위한 중보기도 후원자들과 목장 사람들이 함께 모여 한 학기 동안 진행될 제자훈련과 훈련생들을 위해 뜨겁게 기도하게 된다. 제자훈련의 첫 포문을 기도로 여는 것이다.

매 강의의 마지막 시간도 기도에 할애한다. 그날의 훈련을 통해 깨닫고 배운 바를 서로 나누며 결단하는 시간이다.

중간고사와 학교 과제 등으로 제자훈련 하는 것이 지치게 느껴질 무렵에는 '엔카운터의 밤'이라는 이름으로 금요일 저녁 제자훈련생들을 위한 기도 집회를 연다. 공동체 전체가 함께 모여 뜨겁게 기도할 때 훈련에 처음 지원했던 마음이 회복되는 것을 경험한다.

바울 사도는 에베소 성도들을 향해 간절히 기도하면서, 하나님의 충만으로 그들이 충만해지기를 간구했다.

> ¹⁶그의 영광의 풍성함을 따라 그의 성령으로 말미암아 너희 속사람을 능력으로 강건하게 하시오며 ¹⁷믿음으로 말미암아 그리스도께서 너희 마음에 계시게 하시옵고 너희가 사랑 가운데서 뿌리가 박히고 터가 굳어져서 ¹⁸능히 모든 성도와 함께 지식에 넘치는 그리스도의 사랑을 알고 ¹⁹그 너비와 길이와 높이와 깊이가 어떠함을 깨달아 하나님의 모든 충만하신 것으로 너희에게 충만하게 하시기를 구하노라
>
> _엡 3:16~19

바울의 기도는 제자훈련을 하는 동안 훈련생들이 무엇을 기도해야 할지에 대한 중요한 세 가지 가치를 제시한다. 첫째, 바울은 속사람이 강건해지기를 기도한다. 속사람은 겉으로 보이는 내가 아니라, 진정한 내 자신이다. 세상에 속했던 과거의 겉사람이 예수 그리스도를 만나 새로워질 수 있다. 둘째, 바울은 그리스도가 '너희 마음'에 계시기를 기도한다. 우리는 그리스도를 통해서만 하나님과 관계를 맺을 수 있다. 물론 예수를 영접함으로 우리는 그리스도 안에 거하고, 그리스도는 우리 안에 거한다. 그러나 이 기도는 그리스도가 우리 마음속에서 실제로 살아 움직이는 역사를 구하는 기도다. 훈련생들의 삶 속에 그리스도와의 친밀한 동행이 경험되도록 기도하는 것이다. 셋째, 바울은 사람들과의 관계가 사랑으로 맺어지기를 기도한다. 그리스도의 사랑에 뿌리를 내리고 그 사랑을 기초로 삼는 사람이 되게 해 달라고 간구한다.

지금까지 소개한 지구촌교회 대학부 제자훈련의 개요를 한눈에 파악할 수 있도록 다음과 같이 매뉴얼을 제시한다.

매뉴얼

■ 내용

목적

우리의 참 목자 되신 예수님을 닮아가며, 예수님처럼 몸과 마음과 영혼을 가꾸고 숨겨진 가능성을 개발하여 영혼을 탁월하게 섬길 수 있도록 훈련한다.

목표

① 전인격적인 변화를 추구한다.

- 지성과 감정과 의지의 변화
- 교회, 가정, 학교에서 생활의 균형

② 긍정적인 태도와 건강한 내면을 가꾼다.

- 패배의식, 낮은 자존감, 부정적 사고방식 극복
- 소통 훈련

③ 영적 생활을 훈련한다.

- Q.T, 말씀 읽기, 기도

④ 목자로서의 자질과 역량을 키운다.

- 우선 순위, 순종, 참석, 전도, 양육 훈련

⑤ 실력을 키운다.

- 학교 성적 향상과 언어 준비

■ 자격

① 새 생명, 새 가족, 목장교회의 길 이수한 자

② 담당 교역자 혹은 목자의 추천을 받은 자

③ 13주의 훈련 기간을 성실 하게 참여 할 수 있는 자

④ 과제물을 성실하게 해올 수 있는 자
   (매주 Q.T 5회 이상, 성경 일기, 암송, 독서 과제물 및 생활 숙제)

⑤ 대학부 예배, 목장 모임 등 모든 대학부 모임에 참여 할 수 있는 자

⑥ 사역자와 목자의 가르침에 우선순위를 두고 순종할 수 있는 자

■ 훈련자 준비 사항

　① 훈련에 대한 기대와 열정을 담은 마음과 시간

　② 예비 목자 훈련 지원서

　③ 담당 교역자 혹은 목자 추천서

■ 교재 및 기간

　① 교재 :《제자훈련 Ⅰ,Ⅱ》(옥한흠, 국제제자훈련원), 신 · 구약 성경

　② 기간 : 1년 2회(3월과 9월 시작), 13주

■ 과제물

　① Q.T : 매주 5회 이상 [큐티 교재는 〈매일성경〉(성서유니온)]

　② 성경 읽기 : Syllabus에 따라 한 주에 15장 내외

　③ 성구 암송 : 매주 2구절, 암송 수첩에 성구와 제목을 기록 후 암송

　④ 생활 숙제 : 교재 가이드에 따라 혹은 그때 상황에 맞춤

　⑤ 독서 과제물 :《크리스천 베이직》(김동호, 규장),

　　　　　　　　《팬인가, 제자인가》(카일 아이들먼, 두란노)

■ 훈련생 수칙

　① 결석 3회 이상은 자동 탈락되며 지각 2회는 결석 1회로 간주한다.

　② 예습, 복습을 철저하게 하고 과제물을 제시간에 제출한다.

　③ 결석, 지각, 독서 과제물 미 제출 시 벌금을 낸다.

　　(결석 – 5,000원, 무단 결석 10,000원, 지각 – 기본 1,000원, 분당 100원, 최대

　　5,000원, 독서 과제물 제출을 제시간에 제출하지 못한 경우 3,000원)

제자훈련 평가와 점검

제자훈련의 모든 과정을 마치면 수료식을 진행한다. 제자훈련 수료식은 대학지구 행사 중에서 큰 비중을 차지하는 축제의 시간이다. 보통 금요일 저녁 8시부터 10시까지 진행하는데, 훈련생들의 간증과 공연, 그리고 깜짝 이벤트로 교역자들이 준비한 공연을 보여주기도 한다. 이 시간은 목장과 속한 공동체에서 함께 격려하고 축하해주며, 수료생들이 다음 학기에 헌신할 사역을 정하여 자연스럽게 헌신의 자리로 갈 수 있도록 돕는 시간이기도 하다.

03
대학부 전도훈련

　제자훈련을 받은 사람은 하나님 앞에서 내가 누구인지를 새롭게 발견한다. 그는 사람들이 이 세상에서 무엇을 누리며 사는지에 영향받지 않는다. 즉 진정한 목자이신 예수 그리스도의 사랑을 받고 그분을 사랑하는 관계 안에서 살아가는 것이 참된 행복을 누리는 삶임을 경험한 사람이다. 그리고 그 사랑 안에 거하지 못한 사람들을 바라보며 안타까워하시는 하나님의 불 붙는 사랑을 안 사람이다.

　예수께서 제자들을 파송하기 전에 느끼셨던 심정이 곧 제자로 부름받은 이들이 품어야 할 마음이다. 성경은 이렇게 말한다.

³⁵예수께서 모든 도시와 마을에 두루 다니사 그들의 회당에서 가르치시며 천국 복음을 전파하시며 모든 병과 모든 약한 것을 고치시니라 ³⁶무리를 보시고 불쌍히 여기시니 이는 그들이 목자 없는 양과 같이 고생하며 기진함이라_마 9:35~36

여기서 "불쌍히 여기시니"라는 말은 헬라어 성경에 '에스프랑크니스데' (ἐσπλαγχνίσθη)라고 기록되어 있다. 이 말의 의미는 '창자에 이르기까지 감동을 받다'이다. 그러므로 "불쌍히 여기시니"라는 말씀은 곧 예수님께서 영혼의 깊은 곳 창자가 흔들리는 정도의 깊은 감동을 받은 상태를 묘사한 것이다. 이는 예수께서 목자 잃은 양같이 고생하고 유리하는 영혼들을 바라보실 때 얼마나 마음이 아프셨는지를 느끼게 해준다. 이를 쉽게 번역하면 다음과 같다. '예수님께서 무리를 보실 때 가슴이 미어지고 찢어지는 듯 마음 아파하셨다.'

예수님은 무리를 보실 때 그냥 바라보신 것이 아니다. 사물의 배후를 꿰뚫어보는 영적인 통찰 또는 직관을 가지고 바라보셨다. 즉 이 말씀은 단지 굶주림과 질병으로 고통 가운데 있는 인간의 비참한 상태가 아니라, 죄로 말미암아 사탄의 권세 아래에서 괴롭힘을 당하며 하나님께 버림받은 자처럼 고통 중에 있는 이들의 영혼을 바라보시는 예수님의 시각을 강조한 표현이다. 그리고 그 상태가 얼마나 비참한 것인지, 얼마나 비극적인지 주님의 마음에 찢어질 듯한 아픔이 계속되었던 것이다.

이것이 바로 예수 그리스도의 사랑이고, 하나님의 자녀들이 하나님을 알지 못하는 세상을 바라보는 마음이다. 제자로 부름받은 우리에게 바로 이러한 시선이 필요하다. 영적인 사고를 갖고 하나님께로부터 멀어진 사람들의 비참한 말로를 냉철하게 바라보되 주님의 심정을 가져야 한다. 이러한 시각과 마음 자세야말로 제자가 갖춰야 할 가장 중요한 자격이다.

제자훈련은 우리에게 이와 같은 눈과 마음을 열어준다. 하나님의 말씀에서 오는 거룩한 각성과 영적 부흥을 통해, 예수님께서 목자 잃은 양 같은 자기 백성을 바라보셨던 마음의 고통을 함께 느끼게 된다. 그리고 제자로 부름받은 이들은 세상을 향한 정직한 중보의 기도를 드릴 수 있게 된다.

주님을 알지 못하고 평범하게 살아가는 친구나 가족들을 보면서 예전에는 그저 '예수님을 믿으면 좋을 텐데…' 하고 생각하는 데 그쳤다면, 어느 순간 예수님이 그러셨던 것처럼 찢어지는 마음의 고통 없이는 그들을 바라볼 수 없고, 그들에게 온전히 복음을 전하지 않고는 견딜 수 없는 마음이 일어난다. 그리고 그들을 돕기 위해 무엇이라도 하지 않으면 안 될 것 같은 다급한 마음을 갖게 된다.

에스겔 34장에는 목자 없는 양같이 고생하는 이스라엘 백성들의 고통이 기록되어 있다. 그때 하나님께서는 당신의 백성을 그렇게 고생하며 유리하도록 내버려둔 제사장들과 목자들을 향해 준엄한 심판을 경고하셨다.

[1]여호와의 말씀이 내게 임하여 이르시되 [2]인자야 너는 이스라엘 목자들에게 예언하라 그들 곧 목자들에게 예언하여 이르기를 주 여호와께서 이같이 말씀하시되 자기만 먹는 이스라엘 목자들은 화 있을진저 목자들이 양 떼를 먹이는 것이 마땅하지 아니하냐 [3]너희가 살진 양을 잡아 그 기름을 먹으며 그 털을 입되 양 떼는 먹이지 아니하는도다 [4]너희가 그 연약한 자를 강하게 아니하며 병든 자를 고치지 아니하며 상한 자를 싸매 주지 아니하며 쫓기는 자를 돌아오게 하지 아니하며

잃어버린 자를 찾지 아니하고 다만 포악으로 그것들을 다스렸도다 [5]목자가 없으므로 그것들이 흩어지고 흩어져서 모든 들짐승의 밥이 되었도다 [6]내 양 떼가 모든 산과 높은 멧부리에마다 유리되었고 내 양 떼가 온 지면에 흩어졌으되 찾고 찾는 자가 없었도다 [7]그러므로 목자들아 여호와의 말씀을 들을지어다 [8]주 여호와의 말씀에 내가 나의 삶을 두고 맹세하노라 내 양 떼가 노략 거리가 되고 모든 들짐승의 밥이 된 것은 목자가 없기 때문이라 내 목자들이 내 양을 찾지 아니하고 자기만 먹이고 내 양 떼를 먹이지 아니하였도다 [9]그러므로 너희 목자들아 여호와의 말씀을 들을지어다 [10]주 여호와께서 이같이 말씀하시되 내가 목자들을 대적하여 내 양 떼를 그들의 손에서 찾으리니 목자들이 양을 먹이지 못할 뿐 아니라 그들이 다시는 자기도 먹이지 못할지라 내가 내 양을 그들의 입에서 건져내어서 다시는 그 먹이가 되지 아니하게 하리라_겔 34:1~10

하나님께서 내게 맡기신 영혼을 바라보며 주님의 사랑과 마음으로 돌보며, 그들을 위해 생명을 전하는 전도자는 복된 사람이다. 반대로 하나님의 제자로 부름을 받았지만, 주님이 맡기신 영혼들에게 그 마음을 쏟지 않고 형식적인 교회의 섬김이, 일꾼으로만 머무는 것은 매우 불행한 일이다.

사실 우리를 제자로 부르신 그 부름 앞에서 주님의 마음과 상관없이 아무렇게나 섬기며 살아온 날들이 얼마나 많은가? 추수할 일꾼을 부르시는 주님의 피맺힌 외침을 외면하고 형식적인 섬김이 마치 우리의 기쁨이라도 되는 양, 영혼들을 향한 우리 주님의 가슴 저미는 아픔을 느끼지 못한 채 기능인처럼 성경을 가르친 날들이 얼마나 많은가? 양들이 못된 짐승의 습격을 받아 영혼이 찢겨지고 생명의 위협을 느끼는 그 자리에 함께 있어주지 못했을 때가 또 얼마나 많았는가?

　　미국의 한 사진 작가 케빈 카터는 어느 날 굶주림으로 많은 사람이 죽어가는 아프리카 대륙에서 세 살쯤 된 아기가 뼈만 앙상한 모습으로 쪼그리고 앉아서 울고 있는 모습을 카메라에 담았다. 문제는 그 뒤에 아기를 노려보고 있는 큰 독수리였다. 독수리는 섬뜩한 눈빛으로 아무 도움을 받을 수 없는 그 불쌍한 아이를 단단히 노리고 있었다. 사진에 담긴 아기의 모습은 그야말로 목자 없는 양의 모습이었다. 그 사진으로 케빈 카터는 퓰리처상을 수상하며 유명세를 타게 되었지만, 왜 먼저 아이를 구하지 않았는지에 대한 글이 미국 주간지에 실리며 논쟁이 가열되었다. 결국 그는 사람들의 비난을 견디지 못해 스스로 목숨을 끊었다.

　　많은 사람들이 제자훈련을 통해 복음을 경험하고, 주님의 뜨거운 사랑 안에서 변화를 경험했음에도 불구하고 왜 주님의 마음을 모르는 채 살아가는 것일까? 왜 고통스러워하는 영혼들, 하나님의 생명으로부터 멀어진 영혼들을 향한 주님의 안타까운 마음이 없는 것일까? 제자훈련이 그 마음을 심어주는 것으로 만족하기 때문은 아닐까? 대부분 전도를 실천하지 않는 것은 복음 전도자로서의 사명이 없어서가 아니라, 실제로 어떻게 전도할 수 있을지에 대해 구체적으로 배워본 적이 없기 때문이다. 이것은 제자훈련이 전도훈련과 함께 진행되어야 하는 중요한 이유다.

전도훈련의 유익

전도훈련의 가장 큰 유익은 바로 하나님의 사랑, 곧 '복음'의 정수에 잠기게 한다는 점이다. 우리가 하나님을 전심으로 사랑할 때 우리의 마음에는 영혼을 품고 사랑하기 원하는 간절함이 생긴다. 하나님의 사랑을 깊이 경험한 사람들이 영혼을 섬기지 않고 살아간다는 것은 거의 불가능한 일이다. 나를 죄와 고통의 자리에서 건져주신 하나님께서 자신을 내어주시면서까지 사랑을 부어주셨는데 어떻게 그들이 다른 이들의 영혼을 사랑하지 않고 견딜 수 있겠는가?

제자훈련을 통해 배운 복음이 전도훈련을 통하면 가슴으로, 입술로, 삶으로 그 복음을 고백하게 된다. 삶으로 하나님의 사랑을 보여줄 수 없는 삶은 아무리 그럴듯해 보여도 앵무새가 흉내 내는 소리에 지나지 않는다.

제자는 먼저 주님의 사랑 앞에 사무치는 감격이 있어야 한다. 그 사랑이 내 안에 있을 때 돌같이 단단하게 굳어진 심령 앞에서도 담대하게 주님의 사랑을 고백할 수 있다. 그러므로 목회자는 성도들을 감격과 사랑의 자리로 보내 무장시켜야 할 의무가 있다. 물론 전도는 교회 본연의 사명이기도 하며, 이는 교회에 질적, 양적 성장을 반드시 가져온다. 그러나 그에 앞서 각 개인이 누리는 유익이 훨씬 더 크다. 전도훈련을 통해 머리로 이해한 복음을 개인의 삶에서 경건의 열매로 추구하게 한다. 아울러 신앙생활의 우선순위를 영혼을 살리는 일에 두게 되는 변화가 일어난다.

전도훈련 방법에는 여러 가지가 있지만, 특히 젊은이들을 위한 방법으로 국제전도폭발 한국 본부에서 주관하는 'Xee 전도폭발훈련'을 소개한다.

앞서 말했듯 Xee 전도폭발훈련은 CCC에서 사용하는 사영리를 비롯한 다양한 전도 방법 중 젊은이들이 접근하기 좋은 '대화식 전도법'이라는 측면과 훈련을 받는 과정에서 훈련자와 훈련생 간의 목양적 돌봄이 있다는 장점을 갖고 있다. 무엇보다 전도훈련 과정이 지루하지 않도록 쉽고 재미있게 이해하는 참여식 토론 수업 방식으로 운영된다. 또한 일상적인 대화를 통해 복음의 내용을 전달할 수 있는 귀납적 방법으로 진행되는 전도훈련이다.

또한 전도자들이 일방적인 복음 제시가 아닌, 대화의 반응에 따라 복음을 제시할 수 있다는 장점을 갖고 있어 거절과 보류 등의 상황에 유연하게 대처할 수 있다. 뿐만 아니라, 전도할 때 마주하게 될 다양한 반대 의견을 함께 고민하며 전도자가 품고 있던 오해와 질문에 대한 답을 찾을 수 있다.

전도훈련은 지속 가능해야 한다. Xee 전도폭발훈련의 강점은 훈련생에서 훈련자로, 훈련자에서 그룹장으로 그 역할을 바꾸며 지속해서 훈련에 참여할 수 있다는 데 있다.

Xee 전도폭발훈련 모습

전도의 힘은 내가 오랫동안 품고 기도한 한 영혼에게 다가갈 수 있는 용기를 심어주는 것이다. 그리고 복음의 진리가 돌같이 단단하게 굳어진 심령과 하나님의 사랑 앞에서 얼음장같이 차디차게 변해버린 강퍅한 마음을 녹이는 것을 두 눈으로 보고, 손과 발로 경험하는 것이다. 이 모든 일에 역사하시는 성령님의 권능을 맛본 간증은 공동체에 강력한 힘을 준다. 어디서든 누구에게라도 복음을 전할 수 있는 담대함이 공동체에 뿌리내릴 수 있다면, 복음의 활력이 넘치는 부흥을 경험할 수 있을 것이다.

전도훈련 착수

Xee 전도폭발훈련의 가장 큰 특징은 권위적이고 일방적인 전도를 배척하는 현대인들에게 보다 친근하게 다가가서 이야기식(스토리텔링)으로 복음을 전하는 전도훈련이라는 점이다. 가장 먼저는 교역자(평신도 리더)가 Xee 전도폭발훈련에 대한 충분한 이해가 있어야 하며, 선행 훈련이 되어야 한다. 총 13주간의 커리큘럼으로 진행되는데 중요한 점은 교역자의 일방적 강의가 아닌, 훈련받는 훈련생과 훈련자가 한 조가 되어 그룹 훈련으로 진행된다는 것이다.

전도훈련은 규모가 있는 교회에서만 가능한 훈련이 아니다. 교회와 담당 교역자에게 전도훈련에 대한 분명한 의지가 있고, 최소한의 중추적 역할을 감당할 평신도 리더들과의 공유가 있다면 규모에 관계없이 얼마든지 가능하다.

전도훈련은 반드시 팀을 이루는 훈련이 되어야 하므로 전도훈련에 함께 할 동역자를 준비하는 과정이 중요하다. 만일 부서 교역자 1명이 임상훈련을 통해 준비될 수 있다면, 교역자가 훈련자가 되어 2~3명의 리더들을 대상으로 선행 훈련을 할 것을 추천한다. 전도훈련을 함께 이끌어갈 동역자 리더 2~3명이 먼저 준비되면, 훈련된 리더들이 새 학기 Xee훈련자가 되어 2~3명의 훈련생과 한 조를 구성할 수 있다. 아래는 지구촌교회 13주 Xee 전도폭발훈련 과정이다.[1]

주차	제목	현재의 삶 강의 내용/시범	배부/수거	숙제/ 암기 점검, 현장 참여
개강 예배		오리엔테이션, 전체 시범 영상 시청, 훈련의 목적과 교재 설명	교재, DVD, 풍성한 삶, 새로운 삶, 함께 기도해요 2 훈련 과제표, 개요시험 안내	1~2과 영상 보기
1	1, 2과 요약	1. 편안한 대화를 위한 조건 토론 2. 몸동작 관찰, 비언어적 요소	기도 후원자 카드, 전도 대상자 명단, 복음 전문 오디오 CD	3~4과 영상 보기 암기 점검: 개요
2	3, 4과 요약	3. 편안한 대화의 다섯 가지 요소 4. 세 단계의 대화 역할극 개요 쓰기 시험	스케빈저 헌트, 경청 자료, 기도 후원자 초청장 배부, 기도 후원자 카드, 전도 대상자 명단 수거	5~6과 영상 보기 암기 점검: 풍성한 삶 현장 참여: 시작 질문
3	5, 6과 시작 질문	5. 전도에 대한 두려움 토론, 6. 시작 질문과 이유 질문 스케빈저 헌트/기도 후원자 모임	간증문 작성 요령, 간증문 예문 배부, 전체 성구 시험 안내	7과 영상 보기 암기 점검: 풍성~우리 현장 참여: 우리
4	7과 간증 나누기	7. 간증문 작성 및 간증문 점검 전체성구 시험 (보조 성구 포함)	간증문 점검표, 기도 후원자 선물 배부, 간증문 수거, 노방 전도 안내	8과 영상 보기 암기 점검: 우리 ~하나님 현장 참여: 하나님

---

1 국제전도폭발 한국 본부에서 주최하는 임상 훈련은 홈페이지를 통해 신청할 수 있으며, 임상 훈련을 통해 지역 교회에 착수할 수 있는 상세한 자료와 방법을 공급받을 수 있다. https://eekorea.org 참조.

5	8과 풍성한 삶/ 나름대로 성취한 삶과 풍성한 삶의 차이 이해 (요 10:10 토론) / 노방 전도	간증문 수거	9과 영상 보기 암기 점검: 우리~예수님 현장 참여: 예수님
6	9과 우리/ 죄의 정의, 과정과 결과, 스포츠카 예화 역할극	대화식 전문 배부	10과 영상 보기 암기 점검: 우리~믿음 현장 참여: 믿음
7	10과 하나님/ 하나님의 두 속성 이해, 지휘관 예화	차기 훈련 신청서 배부	11과 영상 보기 암기 점검: 우리~결신 현장 참여: 결신
8	11과 예수님/ 대속의 개념 이해, DVD 예화/ 암기 대회	차기 훈련생 후보자 명단 수거	12과 영상 보기 암기 점검: 우리~양육 현장 참여: 양육
9	12과 믿음/ 구원받는 믿음 이해와 토론, 구조선 예화/ 지식, 동의, 신뢰	노방 전도 안내	13과 영상 보기 암기 점검: 접촉~예수님 현장 참여: 접촉~예수님
10	13과 결신/ 결신의 세 단계와 로마인 악수, 결신의 어려움 토론/	반대 의견 처리문 배부	14,15과 영상 보기 암기 점검: 믿음~양육 현장 참여: 믿음~양육
11	14~15과 요약 / 반대 의견 처리 방법 토론, 후속 양육의 방법 토론 / 노방 전도	기도 후원자 초청장, 차기 훈련 신청서 배부	16, 17과 영상 보기 암기 점검: 전체 복음 현장 참여: 전체 복음
12	16~17과 요약 / 훈련생 모집, 전도의 생활화, 최종 시험과 구두 복음 제시 녹음	구두 복음 녹음 파일, 과제물 점검표와 앙케이트, 사역 평가표 수거	14, 15과 영상 보기 암기 점검: 전체 복음 현장 참여: 전체 복음
13	수료식(기도 후원자 초청)과 평가회	앙케이트, 평가 자료 분석	자료와 문서 보관, 전도 결과 보고

전도훈련 실행

전도훈련은 전도폭발훈련 등과 같은 프로그램의 도움을 받을 수 있으나, 그에 앞서 누구나 당장 시작할 수 있는 몇 가지 전도 원리를 소개한다.

■ 개인 간증

전도훈련에서 가장 중요한 것은 개인 간증이다. 여기서 개인 간증이라 함은 회중 앞에서 하는 구체적인 간증이 아니라, 불신자 혹은 하나님이 예비하신 사람을 만났을 때, 복음을 제시하기 전 접촉점으로서의 짤막한 간증을 말한다. 상황에 따라 1~3분가량 간단하게 할 수 있는 간증이다. 이러한 개인 간증은 관계 전도에서는 물론, 평소 목장 모임 등 소그룹 모임에서도 유용하게 사용할 수 있다.

바울은 복음을 전하기에 앞서 간증을 효과적으로 사용했다. 사도행전 28장에 등장하는 바울의 간증이 대표적이다. 바울은 다메섹으로 가다가 예수님을 만났을 때의 상황을 더 보태지도 생략하지도 않고, 자신이 보고 경험한 바를 짧게 전했다. 바울의 생생한 간증은 그가 복음을 전하는 데 중요한 접촉점이 되었다.

복음 전도는 마치 밭에 씨를 뿌리는 것과 같다. 복음의 씨앗이 뿌려지는 밭은 전도 대상자와 상황에 따라 달라질 수 있기 때문에 그에 따라 알맞은 간증을 준비하면 큰 도움이 된다. 중요한 것은 간증은 전도 대상자의 닫힌 마음의 문을 열게 한다는 점이다. 간증의 주요 내용은 예수님 만나기 이전의 모습과 예수님을 만나고 난 뒤의 삶을 비교하는 것인데, 예수님으로 인해 오늘의 내 삶이 얼마나 풍성해졌는지를 표현하는 것이 중요하다.

간단한 예를 하나 들어보겠다.

"저는 어려서 부모님을 따라 줄곧 교회를 다녔습니다. 그래서 꽤 오랜 시간 교회를 다녔지만, 사실 하나님을 잘 알지는 못했습니다. 학업에도 큰 흥미를 갖지 못했습니다. 더 정확하게 말하면 이루고 싶은 꿈도, 미래에 대한 열정도 없었습니다. 무기력하고, 마음 한편에는 공허한 마음도 가득했습니다. 밤에 잠도 쉽게 이룰 수 없었습니다. 그러던 중 교회에서 진행하는 수련회를 통해 하나님을 만나게 되었습니다. 그리고 이 세상은 우연이 아닌 하나님의 놀라운 섭리 아래 있다는 사실을 깨닫게 되었습니다. 이후로 제 삶이 달라졌습니다. 나는 참 의미 있고 귀한 삶을 살고 있다는 사실을 깨닫게 되었고, 이후로 희망도 생기고 마음에 꿈도 키워갈 수 있게 되었습니다."

다시 말하지만 간증의 목적은 상대방의 마음을 여는 것이다. 복음을 전하기에 앞서 잠시 내 삶에 놀라운 변화를 일으키신 하나님을 소개하도록 하자. 목장 안에서 개인 간증문을 주기별로 작성하도록 하는 것도 큰 도움이 된다. 지구촌교회 대학지구에서는 특정한 때가 아닌 평상시에도 목장 안에서 개인의 간증을 나누는 시간을 충분히 갖는다. 개인 간증은 예수님이 나에게 어떤 분이시며, 또 그 사실이 오늘 나의 삶에 어떤 변화를 가져왔는지 회상하면서 복음의 생명력을 회복하는 큰 힘이 된다.

■ 우리가 가르쳐야 할 것: 복음
"복음이란 무엇일까?"

교회 안에서 가장 많이 사용하는 언어인 복음(福音)에 대해 자신 있게 말할 수 있는 사람이 얼마나 될까? 교회에서 전도의 기술을 전수하기 이전에 가장 시급하게 강조하며 가르쳐야 할 것은 바로 복음의 내용이다.

복음은 Good News, 즉 복된(福) 소식(音)이다. 이는 내가 하나님을 믿지 않고 불순종한 죄, 우상 숭배한 죄, 사람 사이에 일어나는 모든 종류의 죄들을 사해주신다는 소식이다. 죄의 종이던 나를 그 모든 죄에서 사해주시고 하나님의 자녀로 삼아주신 놀라운 소식이다. "우리 신이시여"가 아닌 "나의 하나님 아버지"라고 부르도록 허락하신 소식이다. 죄로 인해 영원한 심판 가운데 있는 나를 구원하신 소식이다.

사도 바울은 복음의 정의를 간단명료하고도 정확하게 내려주었다.

> [1]형제들아 내가 너희에게 전한 복음을 너희에게 알게 하노니 이는 너희가 받은 것이요 또 그 가운데 선 것이라 [2]너희가 만일 내가 전한 그 말을 굳게 지키고 헛되이 믿지 아니하였으면 그로 말미암아 구원을 받으리라 [3]내가 받은 것을 먼저 너희에게 전하였노니 이는 성경대로 그리스도께서 우리 죄를 위하여 죽으시고 [4]장사 지낸 바 되셨다가 성경대로 사흘 만에 다시 살아나사_고전 15:1~4

바울은 자신이 전하는 복음을 알기 원한다고 말한다. 이 복음을 이해하는 것은 무엇보다 중요하다. 복음을 믿어야 구원을 받기 때문이다. 그렇다면 복음의 내용은 무엇인가? 위의 말씀 3~4절에 나와 있다. 복음의 핵심은 성경대로 예수께서 우리를 위해 죽으시고 우리를 위해 다시 사신 것이다. 그렇다면 왜 예수께서 죽으시고 다시 사신 것을 복음이라 하는가? 로마서 4장 25절은 말씀한다.

> 예수는 우리가 범죄한 것 때문에 내줌이 되고 또한 우리를 의롭다 하시기 위하여 살아나셨느니라_롬 4:25

예수님의 죽음은 인간이 지은 모든 죄와 심판을 해결하기 위함이다. 예수님께서 이 땅에 오셔서 이루신 일은 다음과 같다.

> [14]자녀들은 혈과 육에 속하였으매 그도 또한 같은 모양으로 혈과 육을 함께 지니심은 죽음을 통하여 죽음의 세력을 잡은 자 곧 마귀를 멸하시며 [15]또 죽기를 무서워하므로 한평생 매여 종 노릇 하는 모든 자들을 놓아 주려 하심이니_히 2:14~15

예수님의 죽음은 곧 나의 죽음이다. 나의 죄 때문에 십자가 위에서 몸이 찢기고 피 흘려 돌아가셨으니 나도 내 죄를 회개하여 주 예수님의 죽음에 동참해야 한다. 진심으로 믿고 죄를 회개하면 나의 모든 죄를 사해주시고 자유를 주신다.

이것이 복음의 핵심이다. 이 복음의 핵심을 알면 제대로 전도할 수 있다. 예수님이 누구이고 그분이 무엇을 하셨으며 그분과 어떻게 관계를 맺어야 하는지를 소개하는 것이 전도이기 때문이다. 진리 되신 예수 그리스도는 성도의 생명이고 복음이다. 오직 복음만이 사람의 죄를 해결하며 해방시킨다. 성경은 복음이 우리를 사망에서 생명으로 옮긴다(요 5:24)고 말씀한다. 복음에는 죄인을 구원하는 능력이 있다.

사탄은 이렇게 놀라운 복음의 능력을 상투적인 하나의 교회 용어로 전락하게 만든다. 그리고 이렇게 귀한 능력이 안 믿는 자들에게는 미련하게 보일 뿐이다. 하지만 확신하는 건 하나님은 여전히 전도의 미련한 것으로 믿는 자들을 구원하시기를 기뻐하신다(고전 1:21)는 사실이다.

제자훈련과 전도훈련의 균형

한자에 단장(斷腸)이란 말이 있다. 창자가 끊어질 듯한 슬픔을 의미하는 말로 유래는 다음과 같다.

진나라 때 '환온'이라는 장수가 촉나라를 치기 위해서 군사를 이끌고 배를 타고 양쯔강을 올라가던 중 협곡을 만난다. 잠시 배가 쉬게 되었는데 한 병사가 용변을 보러 가더니 원숭이 새끼 한 마리를 잡아서 왔다. 새끼 원숭이를 함께 태우고 올라가는데 어미 원숭이가 백여 리를 강기슭을 따라서 배를 따라왔다. 그리고 언덕 위에 올라가서 배를 향해 뛰어내렸다. 배에 던져진 어미 원숭이에게 가까이 다가가 보니 이미 죽어 있었다. 그 어미 원숭이의 배를 갈랐더니 창자가 토막토막 다 끊어져 있었다. 새끼 원숭이를 빼앗기고 나서 어미 원숭이가 애간장이 녹는 마음으로 새끼 원숭이를 찾으려고 달려왔는데 이미 장이 토막토막 끊어져 있었던 것이다.

제자훈련, 즉 한 영혼이 그리스도의 영광을 경험하게 하며, 믿음의 공동체로 온전한 데 이르기까지 세워가는 일은 결코 단시간 혹은 일회성으로 이룰 수 없다. 이것은 바울이 갈라디아교회에게 '그리스도의 형상을 이루는 것에는 오랜 해산의 수고가 필요하다'고 강조한 말씀에서도 알 수 있다(갈 4:19). 아들을 기다리는 아버지의 마음인 단장, 곧 측은히 여기는 마음(눅 15:20)이 잃어버린 영혼을 바라보시는 주님의 애타는 심정이다.

누군가를 예수님의 제자로 세워가는 시간이야말로 주님의 마음을 품는 시간이다. 철저한 죄인의 자리에서 복음을 경험케 하며, 그로 하여금 회심하지 않는 또 다른 한 영혼을 가슴에 품고 공동체의 영광스러운 부흥을 갈

망하며 흐느끼는 자로 세우는 것이 가장 값진 제자훈련이다.

예수님의 제자로 세워가는 일은 앉아서 배우는 훈련으로 그쳐서는 안 된다. 우리를 이 자리에 부르신 분이 하나님이시며, 우리는 우리를 향한 갚을 길 없는 그 사랑 때문에 응답하여 훈련받고, 복음 전도자의 삶을 살도록 해야 한다.

제자훈련과 전도훈련 두 기둥이 없이 건강한 교회로 존립하기는 쉽지 않다. 단지 교회를 유지하기 위해서가 아니라, 한 영혼을 주님께 올려드리는 우리의 몸부림을 통해 하나님은 큰 영광을 받으신다. 하나님 나라는 예수 그리스도를 바라보며 따르는 신실한 제자들로 인해 확장되어가므로 오늘도 우리는 훈련과 복음 전파에 매진해야 한다!

그의 영광의 풍성함을 따라 그의 성령으로 말미암아
너희 속사람을 능력으로 강건하게 하시오며

에베소서 3:16

우리가 먼저 제자훈련에 미쳐야 한다. 그렇게 목회할 때, 몇 명이 모이느냐에 상관없이 행복한 목회를 할 수 있다. 한 사람 한 사람을 예수님의 제자로 세워가는 그 일 자체가 목회이고, 그 일 자체가 엄청난 영광이고, 열매이기 때문이다.

교회 개척과
제자훈련

오직 성령이 너희에게 임하시면 너희가 권능을 받고
예루살렘과 온 유대와 사마리아와 땅 끝까지 이르러 내
증인이 되리라 하시니라

사도행전 1:8

01
개척 준비

    대부분의 목회자에게 교회 개척은 정말 최후의 선택이 아닐까 하는 생각이 든다. 물론 특별한 은사를 가지고 있어서, 또는 개척에 대한 소명이 있어서 일찌감치 개척에 뛰어드는 사람도 있다. 그러나 대부분의 목회자는 부목사로 사역하다가 나이가 들어감에 따라 더 이상 부목사로 사역할 수 없는 상황에 부딪쳐 어쩔 수 없이 개척을 하게 되는 경우가 많다. 그러다 보니 전혀 개척에 대한 준비가 되어 있지 않은 상황에서 교회 개척에 뛰어들게 되는데, 개척의 어려움은 여기에서부터 시작된다.

    개척에 대한 아무런 준비 없이 개척을 하는 것은 그 출발부터 목회자와 가족들에게 엄청나게 큰 부담이다. 이런 어려움은 후에는 결국 개척에 대한 트라우마를 남긴 채 목회를 포기하게 만들기도 한다. 어떤 면에서 개척하기 전에 이미 목회에 대한 성패가 어느 정도 갈린다고 봐도 과언이 아니다. 개척을 할 때 사전 준비를 잘 하는 것은 그만큼 중요하다.

　이번 장에서는 개척을 하여 제자훈련으로 교회를 든든히 세워나간 푸른나무교회(김형민 목사)의 사례를 통해 교회 개척과 작은 교회에서의 제자훈련에 대해 알아보려 한다.

개척, 무엇을 준비해야 하는가?

　어떤 형태의 사역을 하게 되든 목회자로서 반드시 해야 할 공통적인 목회적 준비가 있다. 바로 목회자가 평생 씨름해야 할 말씀 사역에 대한 준비이다. 부교역자로 있을 때부터 이 부분을 충분히 준비해두면 나중에 큰 유익을 얻을 수 있다. 특히 양육과 제자훈련에 대한 공부와 많은 임상 경험을 가져보는 과정이 반드시 필요하다. 부교역자로 있을 때, 말씀의 칼날을 잘 갈아두어야 한다.

　어떤 목회자는 자기 자신만의 특별한 은사를 가지고 있어서 그 은사를 통해 교회를 세워나간다. 그가 어떤 형태의 교회를 세우느냐는 교회의 건강성과는 또 다른 이야기이지만, 그래도 뭔가 자신만의 은사가 있다면 개척하는 데 있어서 훨씬 더 유리하다.

　그러나 대부분의 두드러진 은사를 갖지 않은 평범한 목회자들이 교회를 세워나갈 때는 양육과 제자훈련만큼 좋은 도구가 없다. 그래서 양육과 훈련에 대한 세미나를 듣고, 자신에게 맞는 도구를 찾아내어 실제적으로 많은 사람을 양육하는 경험을 해보는 것이 좋다.

사실 개척을 하고 나면 가장 힘들게 느껴지는 일 중 하나가 설교다. 새벽예배를 포함해서 일주일에 열 번에 가까운 설교를 해야 하다 보니 새롭게 교재를 연구하고 새로운 세미나를 찾아다니는 일들이 쉽지 않다.

만약 개척을 하고 나서 양육과 제자훈련에 대한 공부를 시작했다면 아마도 더 많은 노력과 힘이 들어갈 것이다. 그래서 부교역자로 있는 시간 동안 양육과 제자훈련에 대한 세미나와 훈련을 통해 나에게 맞고, 내가 가장 자신 있게 다룰 수 있는 익숙한 도구로서의 제자훈련을 준비해가면 좋을 것이다.

그러나 부교역자로 있을 때, 이런 준비를 하지 못했다고 해서 실망할 필요는 없다. 지금부터라도 성실하게 하나하나 배우고 실천해나가면 얼마든지 제자훈련 목회를 잘 감당할 수 있다. 결국 제자훈련은 자기 자신과의 싸움이다.

개척 지역 선정

교회를 개척할 때는 기존에 있는 교회를 하나 더 세운다는 마음을 가져서는 안 된다. 반드시 하나님이 바라시는 어떤 교회를 세우겠다는 상(像)을 만드는 것이 좋다. 우선 교회를 개척하라는 부르심에 순종하기로 했다면, 어떤 지역에서 시작할 것인지 가장 먼저 고민하게 될 것이다. 개척에 있어서 지역은 굉장히 중요하기 때문에 신중할 수밖에 없다. 나의 경우 '양육과 제자훈련 중심의 목회를 하기 위해 가장 적합한 지역이 어디일까'를 고민하며 기도하는 가운데 두 곳이 마음에 들어왔다. 한 곳은 강남이었고, 또 다른 한 곳은 목동이었다.

개척 지역을 선정할 때는 자신의 은사와 그 지역의 필요가 잘 맞는지를 고려해보아야 한다. 그 당시 동료 목회자들 중 대다수는 개척할 지역을 선정할 때 자신이 현재 가지고 있는 재정에 맞추어서 지역을 선정하는 경우가 많았다. 즉 서울의 중심부보다는 임대료가 싸고 비교적 재정 부담이 적은 곳을 우선순위에 두다 보니까 서울보다는 외곽으로, 그리고 더 나아가서는 지방으로 내려갈 수밖에 없었다. 그러나 재정에 맞춰 지역을 선정하는 것은 좋은 선택이 아니다. 그렇게 하는 것은 성령의 인도하심과도 거리가 멀다. 가장 중요한 것은 기도하면서 철저하게 하나님의 인도하심을 받아야 한다. 꼭 서울이어야 하는 것은 아니지만 단지 재정에 맞추어서 지역을 선정하는 것은 좋은 선택이 아니다. 그런 선택은 시간이 지나면 곧 후회로 돌아온다. 먼저는 내 은사와 내가 하려는 사역에 적합한 지역이 어디인지를 살펴보아야 한다. 그리고 그 지역의 필요가 무엇인지 충분히 검토해보아야 한다.

내가 선택했던 강남과 목동은 비교적 젊은 사람들이 많고, 교육열이 높은 지역이었다. 기본적으로 배움에 대한 갈급함이 있는 사람들이 집중되어 있는 곳이었다. 나는 그들의 안정된 생활 너머에는 말씀에 대한 영적인 갈급함이 그 누구보다도 많을 것이라고 생각했다. 내가 그런 부분을 채워줄 수 있다는 생각이 있었기 때문에 나에게 이보다 더 좋은 장소는 없었다.

기도 끝에 최종적으로 목동에 개척을 하기로 했다. 목동에는 이미 큰 교회도 많았고, 크지는 않더라도 오랫동안 그 지역에서 자리 잡아온 교회들도 많았다. 그러나 의외로 양육과 제자훈련이 체계적으로 이루어지고 있는 교회는 그리 많지 않았다. 대부분이 전통적인 목회 방식을 취하고 있는 교회들이었다. 이 부분이 중요하다. 특히 도시 목회에서는 이미 교회가 많은 지역이라도 기존 교회들이 하지 못하고 있는 것을 작은 교회에서 더 효과적으로 돕고 섬길 수 있는 부분이 분명히 있다.

이제 막 개척하는 교회가 하드웨어를 아무리 잘 갖춘다고 한들 큰 교회들의 수준을 따라갈 수는 없다. 그러니까 처음부터 하드웨어적인 부분으로 접근하기보다는 말씀으로 영혼을 살리고 회복시키는 본질적인 부분으로 접근한다면 그곳에서도 충분히 나만의 사역을, 우리 교회만의 사역을 감당할 수 있다.

나는 거의 두 달 가까이를 목동을 누비며 발품을 팔았지만 원하는 곳을 찾지 못했다. 목동 아파트 단지에는 대부분 학원들이 많이 들어와 있었기 때문에 교회가 들어오는 것을 원하지 않았다. 거의 모든 건물주들이 교회에는 임대를 주지 않겠다는 생각을 가지고 있었다. 그러나 나는 하나님께서 나를 이 지역에 보내셨기 때문에 반드시 하나님께서 예비하신 장소가 있을 것이라고 확신했다. 그런데 아무런 소득 없이 두 달이라는 시간이 흘러가면서 하나님께서 정말 이곳으로 나를 인도하신 것이 맞을까 하는 생각이 들 정도로 조금씩 힘이 빠졌다. 이 지역에서는 교회를 개척할 수 없을 것 같아서 다른 지역을 고민해야 하나 하는 생각까지 들었다. 그런 마음을 안고 목동을 돌아보는 마지막 날이었다. 그날도 그렇게 시간을 허비하고 집으로 돌아가려는 순간, 전화 한 통이 걸려 왔다. 적당한 장소가 있다는 연락이었다.

목동 아파트 단지에 있는 건물은 아니었지만, 목동역에서 도보로 5분

정도 걸리는 비교적 교통도 좋고, 사람들의 왕래가 많은 곳에 있었다. 외관상으로는 조금 허름한 건물의 3층이었는데, 원래 공인중개사 학원으로 사용하던 장소였다. 건물 내부를 보는 순간, "바로 여기다" 하는 생각이 들었다. 예배당과 여러 개의 소그룹실을 만들면 제자훈련과 양육에 적합한 공간이 될 수 있는 훌륭한 공간이었다. 강의실과 교실로 사용하던 장소이기 때문에 큰 공사를 하지 않아도 좋은 공간이 나올 것 같다는 생각이 들었다. 그러자 머릿속에 어떻게 장소를 꾸밀지 그림이 그려졌다. 그렇게 푸른나무교회가 시작되었다.

개척을 위한 3가지 조언

교회를 시작하기 전에 꼭 점검해야 할 '세 개의 기둥'이 있다. 이 기둥들은 곧 시작될 교회가 중심을 잡기 위해 꼭 필요한 요소들이다. 개인적으로 이 세 가지 요소가 안정된 교회를 세워가는 데 큰 유익이 되었다.

첫째, 공간이 주는 메시지다.

개척 교회를 시작하는 대다수의 목회자들이 교회 인테리어나 내부의 분위기는 우선순위에 두지 않는다. 인테리어를 잘하려고 하면 재정이 한도 끝도 없이 들어가기 때문이다. 그러나 나는 30~40대 젊은 사람들이 사역의 주 대상이 될 것이라고 생각했기 때문에 공간에 신경을 많이 썼다. 전도를 받아서 오게 되었든, 스스로 오게 되었든 교회에 들어왔을 때 '또 오고 싶다'는 느낌이 드는 따뜻하고 편안한 공간을 만들고 싶었다. 깔끔하고 편안한 분위기 자체가 교회를 찾는 사람들에게 주는 메시지다. '우리가 당신들을 많이 생각하고 배려하고 있다'는 메시지를 주는 것이다. 다소 부담이 되더라도 공간을 잘 꾸며놓으면 분명히 좋은 결과로 돌아올 것이다.

그래서 예배당은 전체적으로 밝고 환한 분위기로 인테리어를 하였으며, 따뜻한 느낌이 들도록 연출하려고 노력했다. 작은 공간이지만 이곳에 들어오면 누구든지 편안한 마음으로 예배하고 기도하고 말씀을 배울 수 있는 공간이 되기를 소원했다. 그리고 다시 찾아오고 싶고, 또 오고 싶은 공간이 되도록 신경을 썼다.

그리고 개척 교회로서는 과감하게 식당을 만들지 않았다. 요즘 젊은 사람들은 밥보다도 커피 마시는 것을 중요하게 여기는 문화 세대이기 때문이다. 즉 밥은 값싼 것으로 대충 먹더라도 커피는 밥보다 더 비싼 것을 마시는 세대이기 때문에 작은 공간이더라도 커피와 차를 마시며 서로 교제할 수 있는 공간이 꼭 필요하다고 생각했다. 그래서 예배당 옆에 '그린트리'라는 이름의 카페를 만들었다. 시간이 지나서 생각해보아도 카페를 만든 것은 교회 공간을 꾸밀 때 했던 일 중 가장 현명한 결정이었다. 지금 이 카페는 우리 성도들에게 가장 사랑받는 공간이다. 이곳에서 교제도 하고, 소그룹 모임과 일대일 양육도 하며 공간을 200퍼센트 활용하고 있다.

둘째, 설교다.

교회를 찾아온 사람이 아무리 교회 공간이 마음에 들더라도 공간 때문에 계속 교회에 나오는 것은 아니다. 결국 사람을 살리는 것은 예배와 말씀이다. 그래서 나는 개척 초기부터 설교에 목숨을 걸고 많은 에너지를 쏟아부었다.

전도를 받아서 교회에 오든 지나가던 길에 들러서 예배를 드리든 결국 그 사람이 교회를 정하는 기준은 말씀이다. 말씀을 통해 하나님의 음성을 들어야 한다. 지금까지 지켜본 결과 새로 온 사람이 교회에 등록하는 이유는 대부분 설교 때문이었다. 그러므로 목회자는 개척 초기에 사람이 많고 적음에 상관없이 설교에 목숨을 걸어야 한다.

제자훈련을 하는 사역자들 중에는 양육과 훈련에 집중하는 대신 설교를 소홀히 해도 된다고 생각하는 사람들이 있는데 절대 그렇지 않다. 양육·훈련 목회가 설교와 함께 가지 않으면 건강한 말씀의 부흥을 이루기 힘들다.

개척 초기에는 새벽예배까지 포함해서 일주일에 무려 열 번의 설교를 해야 했는데 이것이 나에게 엄청난 부담이고 고역이었다. 설교하고 돌아서면 또 설교 준비하고, 설교하고 돌아서면 또 설교 준비를 해야 했다. 하루에 3~4시간밖에 잘 수가 없었다. 그래도 그러한 노력 덕분이었는지 교회에 새로 오신 분들 중 한 번 오고 안 오는 사람은 거의 없었다. 몇 달간 꾸준히 예배에 참석하여 말씀을 들었고 설교에 은혜를 받으면서 등록을 결심하기 시작했다. 전도를 받아서 교회에 오는 초신자들은 예배를 드리면서 눈물을 많이 흘렸다. 그분들은 설교를 들으면서 꼭 하나님께서 자신의 처지를 알고 하시는 말씀 같다고 고백하였다. 교회에 처음 나오기 시작한 사람들인데도 1시간씩 이어지는 설교에 잘 적응해갔다. 설교를 잘하고 못 하고를 떠나서 설교에 성령의 기름 부으심이 있으니 사람들이 은혜를 받기 시작했다.

많은 설교로 인해 부담감이 컸고, 체력도 많이 떨어져서 힘들었지만 지금도 설교가 개척 교회가 승부를 걸 수 있는 가장 중요한 요소 중 하나라는 생각에는 변함이 없다. 꼭 설교를 잘해야 한다는 말은 아니다. 감동이 있고, 은혜가 있어야 한다. 유창하고 화려한 설교가 아니라, 현장에서 느낄 수 있는 말씀 선포의 진지함과 은혜가 있어야 한다. 개척 전에 성경 본문에 대한 묵상과 분석이 잘 준비되어 있다면 금상첨화일 것이다. 그러나 그런 준비가 되어 있지 않더라도 개척 때부터 말씀과 씨름하며 말씀 앞에 서는 훈련을 해나간다면 충분히 힘 있고 능력 있는 설교를 할 수 있으리라고 믿는다.

셋째, 양육 시스템이다.

내가 가지고 있던 전략은 첫째, 한 사람이 교회에 찾아왔을 때 공간을 통해 편안하고 따뜻한 느낌을 얻게 하는 것이었다. 그렇게 해서 교회에 다시 오고 싶도록 하는 것이었다. 그리고 그들이 다시 교회를 찾아왔을 때, 설교를 통해 은혜를 받게 하여 교회에 등록해 한 가족이 되게 하는 것이었다. 특별히 우리 교회에서는 예배드리기 위해 교회를 방문하는 사람들에게 등록을 강요하지 않는다. 개척 교회이기 때문에 한 사람이 아쉬울 때도 있지만, 개척 교회 티를 내고 싶지 않았다. 나는 그들이 교회에 와서 편하게 예배드리고 충분히 기도해보고 스스로 등록할 수 있도록 기도하며 기다려주었다.

그러나 고민 끝에 교회에 등록하였다고 해도 계속해서 그들이 말씀의 공급을 받고 양육과 훈련을 통해 성장해가지 않는다면 교회에 정착하기는 어렵다. 계속 설교만 듣는다고 그 사람의 신앙이 성장하는 것이 아니다. 그래서 필요한 것이 양육 시스템이다. 잘 갖춰진 양육 시스템은 등록한 성도가 교회에 잘 정착하도록 도울 뿐만 아니라 영적으로 성장해 나가는 데 있어서 큰 도움을 준다.

목회를 하면 할수록 시스템이 중요하다는 생각을 하게 된다. 작은 교회는 행정적인 부분에서는 시스템이 필요하지 않을지도 모른다. 그러나 양육

에 있어서는 단계별로 시스템을 잘 준비해두면 두고두고 큰 유익을 얻을
수 있다.

돌아보면 아무것도 아닌 것 같았던 이 생각이 기가 막힐 정도로 맞아들
었다. 아마도 그 당시 미련한 자에게 주시는 하나님의 지혜였으리라 생각한
다. 개척을 하면서 이 세 가지 기둥을 가지고 교회의 중심을 세워갈 수 있었
고, 많은 사람들이 교회로 몰려올 때도 이 기준으로 흔들리지 않고 성도들
을 섬길 수 있었다.

개척 준비 기도

교회 인테리어 공사가 진행되는 동안 하나님께서 보내주신 개척 멤버들
도 생겨났다. 우리 가정을 포함하여 장년 12명이었다. 이 멤버들과 한 주에
한 번씩 모여서 개척을 위한 준비 기도를 시작했다. 기도 없이는 교회가 세
워질 수 없다. 모든 것이 준비되어 있어도 기도가 없다면 그 모든 것이 헛수
고가 되어버린다. 주님의 몸 된 교회 하나가 세워지는 것은 엄청나게 중요
한 일이기 때문에 이 일에 얼마나 많은 사탄의 방해와 공격이 있는지 모른
다. 사탄의 공격을 이기는 것이 바로 기도이다.

12월과 1월은 내가 사역하고 있던 교회에서 기도회를 가졌으며 인테리
어 공사가 마무리되어가는 2월부터는 교회 인테리어 현장에 와서 기도회
를 가졌다. 그리고 기도 동역자들과 기도 제목을 공유하며 기도에 동참해줄
것을 요청했다. 이때 많은 기도의 동역자들이 눈물로 기도에 동참해주었다.
그것만으로도 엄청난 힘을 얻을 수 있었다.

기도가 거듭될수록 우리는 하나님께서 이루어가실 교회에 대한 꿈으로 가득 찼고, 하나님께서 어떻게 역사하실지에 대한 기대감으로 설렜다. 하나님께서는 이미 모든 것을 준비해놓고 계셨다. 우리가 할 수 있는 것은 하나님의 요구에 순종하는 것뿐이었다.

개척을 준비하며 아주 크게 깨달은 것이 있다. 바로 개척에 대한 부르심이었다. 개척은 내가 하고 싶다고 하는 것도 아니고 내가 하기 싫다고 하지 않을 수 있는 것도 아니었다. 개척에 대한 부르심이 있을 때, 우리가 할 수 있는 것은 순종뿐이다.

하나님께서 어떤 일에 마음을 주시고, 우리를 인도하고 계신다는 것은 이미 하나님 편에서는 모든 준비가 끝났다는 것을 의미한다. 내가 순종하기만 하면 하나님께서는 이미 다 준비해놓으신 것을 이루어가실 것이기 때문이다. 그러나 많은 사역자들이 하나님의 부르심이 있음에도 불구하고 개척에 대한 두려움 때문에 순종하지 못하거나 지체된 순종을 할 때가 있다. 그러나 지체된 순종은 이미 순종이 아니다. 순종은 타이밍이 중요하다. 하나님께서 마음을 주실 때가 가장 적절한 타이밍이다. 그러므로 하나님께서 개척에 대한 마음을 주시고 거룩한 부담감을 주신다면 두려워하지 말고 순종해야 한다. 그리하면 여호와 이레의 하나님을 경험하게 될 것이다. 물론 하나님이 준비하시는 것이 있고, 내가 준비해야 할 것이 있다. 나는 지금 있는 그 자리에서 내가 준비해야 할 것을 준비하면 된다. 그러나 하나님이 "이 때다"라고 말씀하실 때는 즉시 순종할 수 있어야 한다.

02
개척 교회의 제자훈련

2012년 3월 17일 토요일, 드디어 창립예배를 드리게 되었다. 너무나 많은 분들이 찾아와서 대다수가 예배당에 들어오지도 못 하고 밖에서 예배를 드려야 했다. 한 교회의 담임목사로 세워지는 감격스러운 시간이면서 동시에 책임감과 부담감이 밀려오는 순간이었다.

대다수의 개척 교회가 창립예배를 드리고 나서 맞이하는 첫 주일에 공허함을 느낀다. 창립예배 때 예배당을 가득 채웠던 사람들은 온데간데없고 빈자리만 남은 예배당에서 첫 주일 예배를 드려야 하기 때문이다. 그래도 그 당시 푸른나무교회는 열 명의 개척 멤버가 있었기 때문에 텅 빈 느낌은 아니었다. 우리가 이곳에서 예배를 드릴 수 있다는 것만으로도 감격스러웠다. 첫 예배의 감격을 잊지 않고 싶어서 첫 예배 전체를 동영상으로 촬영해 두었다. 나는 지금도 그 영상을 보면 하나님의 은혜와 그날의 감격이 고스란히 느껴진다.

개척 멤버들과 함께 한 기본 양육 과정

교회를 시작하면서 가장 먼저 신경을 썼던 부분은 개척 멤버들이 한마음을 품고, 한 가지 비전을 향해 나아가는 것이었다. 개척 멤버들은 서로의 신앙적인 전통도 다르고, 색깔도 다르고, 신앙 수준도 모두 달랐다.

그러나 이들이 앞으로 교회의 중추적인 역할을 해야 하고, 더 나아가서는 리더와 일꾼이 되어야 했기에 이들을 어떻게 양육과 훈련의 동역자로 참여시키느냐가 참으로 중요했다. 그러기 위해서는 개척 멤버들이 지금까지 어디에서 신앙생활을 해왔든지 누구에게 영향을 받았든지 간에 푸른나무교회 공동체 안에서 녹아지고 하나가 되는 것이 중요하다는 생각이 들었다. 그래서 시작하게 된 것이 개척 멤버 10명을 기본 양육 과정부터 새롭게 말씀으로 양육하는 것이었다.

기본 양육 과정은 신앙의 기본기를 다지는 과정이다. 사실은 누구나 들으면 다 알 수 있을 정도로 쉬운 내용이다. 그러나 이 과정만큼 중요한 것도 없다. 건물을 건축하는 데 있어서 기초공사는 아주 중요하다. 건물이 높이 올라갈수록 기초가 더 단단해야 한다. 이 기초공사가 잘 되어 있지 않으면 그 위에 무엇을 쌓더라도 언젠가는 무너지게 되어 있다.

그리고 실제로 기본 양육 과정을 인도하다 보면 교회를 오래 다녔다는 분들 중에서도 신앙의 연수가 무색할 만큼 기본적인 복음의 진리조차 모르는 분들이 많다는 것을 알게 된다. 그래서 목회자는 성도들이 당연히 이 정도는 알 것이라는 착각을 버려야 한다.

우리 교회의 기본 양육 과정의 첫 번째 과정인 '크리스천 베이직 1'은 5주간 진행이 되는데 다른 교회의 새가족반 과정으로 생각하면 된다. 특히 이 과정에서 사용하는 교재 《크리스천 베이직 1》(푸른나무교회)은 복음이 강조된 양육 교재이다. 이 과정은 구원 여부를 확인하고 구원 초청을 하여 예수님을 영접할 수 있도록 구성되어 있으며, 기본적인 신앙을 구성하는 데 필요한 다섯 가지 주제를 다룬다.

'크리스천 베이직 1'을 마치면 이어지는 과정이 '크리스천 베이직 2'이다. 이 과정은 예수님을 영접한 사람들이 올바른 구원의 확신을 가지고 신앙생활 할 수 있도록 돕는 4주 과정이다. 이 과정을 인도하면서 얼마나 많은 교인들이 구원에 대한 기본적인 확신조차 가지지 못하고 신앙생활을 하고 있는지 확인할 수 있었다. 성도들 역시 이 과정을 통해 그동안 자신이 얼마나 신앙의 기초를 모른 채 신앙생활을 해왔는지를 크게 느낀다.

푸른나무교회에서는 이 두 과정을 합쳐서 '기본 양육 과정'이라고 하며, 9주간의 과정을 모두 마치면 기본 양육 과정 수료식을 한다. 수료식은 수료자 중에서 한 사람이 대표로 간증을 하고 순(소그룹)과 교회에서 준비한 선물을 증정하며 온 성도가 축하하는 시간으로 진행된다. 이 시간은 사람들에게 구원에 대한 기쁨과 감격을 회복하는 기회를 제공한다.

어찌 보면 우리 교회의 '기본 양육 과정'은 우리 교회에서 성도를 세워가는 첫 번째 단추라고 할 수 있다. 다른 양육이나 훈련 과정에 비해 비교적 짧은 기간에 이루어지지만, 여기에서 받은 은혜가 다른 과정의 양육과 훈련으로 이어지게 하는 원동력이 되어주기 때문에 너무나 소중하고 중요한 과정이다. 그 중요성을 알기에 7년이 되도록 담임목사인 내가 이 과정을 직접 인도하고 있다. 이 과정을 통해 새로 교회에 등록한 성도들과 가까워지고, 서로를 더 알아가기도 한다.

우리 교회에서는 이 과정을 수료해야 비로소 우리 교회의 모든 양육과 훈련, 봉사와 사역에 참여할 수 있는 기본 자격이 주어진다. 또 이 과정을 수료해야 세례와 직분을 받을 수 있다. 지금은 이것이 하나의 문화가 되어서 교회에 등록하는 성도는 모두 자연스럽게 기본 양육 과정으로 들어온다. 그렇기 때문에 이 교회에 등록한 이상 이 과정은 반드시 공부해야 한다는 인식을 모두가 가지고 있다.

이렇게 개척 멤버들과 9주간의 기본 양육 과정을 마치면서 이 과정이 얼마나 필요한지를 새삼 다시 깨닫게 되었다. 현재 기본 양육 과정은 '크리스천 베이직 1'은 30기까지, '크리스천 베이직 2'는 25기까지 진행되었으며 아직까지 단 한 번도 폐강이 된 적이 없다. 그만큼 교회에 계속해서 새가족이 들어왔기 때문에 가능한 일이었다.

첫 번째 제자훈련 시작

첫 번째 제자훈련에서는 '기본 양육 과정'을 마친 사람이 바로 훈련에 참여할 수 있도록 하였다. 사실 기본 양육 과정과 제자훈련 과정 사이에는 내용상 큰 수준 차이가 있다. 그렇기 때문에 기본적인 양육을 마친 사람이 바로 제자훈련을 받는 데는 약간의 무리가 따른다. 그럼에도 불구하고 개척

후 2년까지는 이러한 방식을 취했다. 첫 번째 이유는 훈련된 리더로 세워진 사람이 없는 상황에서 새가족들이 계속해서 들어오고 있었기 때문이다. 제자훈련에 들어오기까지 너무 많은 시간이 소요되면 초신자를 돌볼 수 있는 리더들을 세울 수 없다.

두 번째 이유는 개척 멤버들은 이미 어느 정도 리더로 훈련이 되어 있었고, 제자훈련을 받는 데 특별한 문제가 없다고 판단되었기 때문에 바로 제자훈련에 들어올 수 있도록 제자훈련까지 오는 과정을 단순화했다.

그러나 3년이 지나고 나서부터는 제자훈련을 받을 수 있는 자격을 점점 더 까다롭게 만들었다. 그래서 아무나 지도자가 되지 못하게 했고, 제자훈련을 우선순위에 두고 헌신하고자 하는 사람만을 받아들여 훈련했다. 지금 우리 교회에 새가족이 들어와서 제자훈련을 받기까지 평균 3년이 걸린다. 지금은 리더와 순장을 빨리 배출하기보다는 신중하게 오랜 시간을 두고 세워가려고 하고 있다.

개척 멤버들과 제자훈련을 하는 것이 쉬운 일은 아니었다. 개척 멤버로 참여한 성도 대부분이 다른 교회에서 제자훈련 과정을 수료한 경력이 있어 이미 기본적인 신앙의 틀이 잡혀 있었기 때문이다. 그러나 담임목사와 함께 모든 과정을 새롭게 한다는 생각으로 다시 훈련을 받도록 권면하였다. 물론 이 부분에 모두가 100퍼센트 호의적인 것은 아니었다. 이미 제자훈련을 다 받았는데 다시 받아야 하는 이유를 납득하지 못하는 성도들도 있었다. 그러나 이 훈련이 단순히 성경 지식이나 정보를 얻기 위한 과정이 아니라 담임목사와 목회 비전을 공유하며 함께 동역하기 위하여 반드시 필요한 과정이라는 점을 들어 설득하였다. 그리고 앞으로 우리 교회에 들어오는 모든 성도는 이 과정을 거쳐 교회의 일꾼과 리더로 세워질 것이기 때문에 개척 멤버가 먼저 이 훈련을 받으면 좋겠다고 권면했다. 그렇다고 절대 강요를 해서는 안 된다. 제자훈련은 철저하게 사모하고 원하는 사람을 대상으로 진행해야 한다. 아무리 좋은 훈련이라도 자신이 원하지 않는데 억지로 하게 되면 본인도 힘들고 함께 훈련받는 제자반의 다른 사람들에게도 피해가 가기 때문에 권면은 하지만 강요는 하지 않아야 한다.

첫 번째 제자훈련은 두말할 필요가 없을 정도로 중요하다. 이 말에는 누구나 동의할 것이다. 1기 제자반의 성패가 앞으로의 제자훈련 성패를 판가름하기 때문에 1기는 정말 신중하게 준비해야 한다. 그중에서도 꼭 기억해야 하는 것은 한 명이 되었든 두 명이 되었든 철저히 본인의 의사와 의지에 의해 훈련에 들어와야 한다는 것이다. 지원자가 많지 않더라도 괜찮다. 소수의 지원자들이 제자훈련을 통해서 변화된다면 2기 제자반 모집은 걱정할 필요가 없기 때문이다.

또한 첫 번째 훈련이라고 해서 훈련생의 기준과 수준을 낮추거나 모집 단계에서 준비해야 할 것들을 소홀히 해서는 안 된다. 오히려 더 까다롭게 해야 한다. 가능하면 제자훈련 모집에 대한 기준이나 자격을 미리 정해두고 모집할 때 제시하는 것이 좋다. 그리고 제자반 모집을 주보와 설교 시간의 광고를 통해서 홍보하고 여유 있게 신청을 받아야 한다. 지원자들에게도 충분히 기도하고 준비할 시간을 주어야 하기 때문이다. 그러나 나는 첫 번째 제자반에서 이것을 충실히 따르지 않았다. 그것이 1기 제자반을 통해 내가 배운 쓰라린 교훈이었다.

첫 제자훈련이 시작된 것은 개척 2년차인 2013년 봄이었다. 제자훈련 신청을 받고 보니 개척 멤버 중에서는 단 한 사람도 신청하지 않았고, 청년 네 명만 지원했다. 당연히 개척 멤버들이 가장 먼저 훈련받을 것이라고 기대하고 있었는데 단 한 사람도 훈련을 신청하지 않았던 것이다. 그래서 처음에는 내가 담임목사로서 인정받지 못하는 것 같아서 마음에 서운함과 낙심이 찾아왔다. 그러나 억지로 하라고 할 수는 없었다. 먼저 신청한 네 명의 청년에게 1년 동안 모든 것을 쏟아부어, 보란 듯이 성공적으로 훈련이 이루어지는 것을 보여주고 싶었다.

그러나 제자훈련에 신청한 그들에게 고마운 마음이 워낙 크다 보니 중요한 절차를 대충 넘기는 실수를 해버렸다. 본격적인 훈련에 들어가기 전에 인터뷰와 오리엔테이션 과정을 거쳐 제자훈련에 대한 동기를 점검하고, 지원자가 훈련을 끝까지 받을 수 있는 여건에 있는지를 점검했어야 했는데, 그 과정을 지나친 것이다. 이 부분은 두고두고 후회가 되는 뼈아픈 실수였다.

1기 제자반은 시작부터 삐걱거리기 시작했다. 네 사람 중 한 사람은 입학예배만 드리고 직장 이전 때문에 지방으로 내려갔고, 또 한 청년은 중간에 다른 교회로 사역을 나가는 바람에 훈련을 중단했으며, 또 한 청년은 라식 수술을 한 이후에 부작용으로 인해 시력에 문제가 생겨 오랜 시간 병원에 입원해야 해서 자연스럽게 훈련에서 이탈하게 되었다. 이렇게 되자 한 명 남은 여자 청년은 몸이 아프다는 이런저런 핑계를 대고 훈련에 나오지 않기 시작했다. 더 이상 제자훈련을 진행할 수가 없었다. 결국 첫 번째 제자훈련은 그해 여름이 오기도 전에 중단되었다.

상상도 하지 못했던 일이었다. 부교역자로 오랫동안 청년부를 섬기면서 제자훈련을 해왔지만 이런 경우는 한 번도 경험해본 적이 없었다. 매년 제자훈련을 성공적으로 인도하여 교회와 부서에 아름다운 일꾼들과 헌신된 주님의 제자를 세워왔던 나로서는 처음 겪어보는 상황이라 어리둥절할 수밖에 없었다. 이 모든 것이 그 작고 기본적인 룰을 소홀히 여긴 탓이었다. 그러나 나는 이 실수를 통해 앞으로의 제자훈련에 있어서 아주 중요한 교훈을 얻을 수 있었다. 이 이후로 훈련생 모집과 훈련을 시작하기까지의 모든 준비 과정을 더욱 신중하고 치밀하게 다루게 되었다.

첫 번째 제자훈련은 그렇게 실패로 끝나는 것 같았다. 아마 그랬다면 나에게 굉장한 트라우마로 남았을 것이다. 그리고 그다음부터 제자훈련을 하는 데 상당한 어려움을 겪었을 것이다. 무엇보다도 개척 멤버들에게 체면이 서지 않았다. '그렇게 큰소리 치더니 결국 제자훈련이 실패로 돌아갔네'라고 생각하지는 않을까 두려웠다.

그러나 그해 여름이 시작되면서 제자훈련의 새로운 전환점이 생겼다. 이전 교회에서 알고 지내던 젊은 부부가 교회에 등록을 했는데, 두 사람이 오면서 교회 분위기가 달라지기 시작한 것이다. 지금 생각해도 너무나 귀한 일꾼들이었다. 남편은 성악을 하고, 부인은 첼로를 했는데, 이 부부가 교회에 등록하면서 양육과 제자훈련에 다시 힘을 받기 시작했다. 이 젊은 부부 성도는 말씀에 대한 갈급함과 사모함을 가지고 양육을 받기 시작했다. 9주간의 기본 양육 과정을 마치고 드디어 제자훈련을 받고자 하는 의사를 전해왔다.

그때는 이미 1기 제자훈련이 중단되어 있던 상태라서 제자훈련을 다시 하기에 애매한 상황이었다. 그러나 유학을 준비하고 있었던 부부가 유학 가기 전에 제자훈련을 받고 싶다고 진지하게 요청을 했기 때문에 거절할 수가 없었다.

그래서 이번에는 두 사람뿐이었지만 인터뷰를 통해 제자훈련을 왜 하려고 하는지, 그리고 제자훈련을 할 수 있는 환경과 상황인지, 제자훈련을 받는 1년 동안 제자훈련에 최우선순위를 둘 수 있는지를 점검한 후에 훈련을 시작했다. 중단되었던 1기 제자훈련은 이렇게 다시 재개되었다. 멤버는 바뀌었지만 사실상 1기 제자훈련이 다시 시작된 것이었다.

그리고 몇 주가 지나서 눈 치료를 위해 병원에 입원해 있던 청년이 퇴원하면서 제자반에 복귀하기를 원했다. 마침 진도가 거의 맞았고, 다시 훈련을 시작하려는 의지가 강해 보여 제자반에 합류시켰다. 이렇게 하여 제자훈련은 3명으로 다시 진행이 되었으며, 진행되는 동안 하나님께서 훈련생들의 삶에 작은 변화들을 일으키셨다. 다시 시작된 제자반의 분위기는 이전의 분위기와는 완전히 달랐다. 은혜가 있었고 간증이 있었다. 우여곡절 끝에 첫 번째 제자반은 3명 모두 수료할 수 있게 되었다.

그리고 이 젊은 부부는 제자훈련 후에 청년부 담당 사역자로 세워졌다. 당시 교회에 청년부 사역자를 따로 둘 수 있는 형편이 아니었기 때문에 이 부부가 순장 겸 청년부 사역자로서의 역할을 훌륭하게 해주었다. 이 두 사람은 미국 유학으로 한국을 떠나기 전까지 2년 동안 나의 개척 목회에 아주 든든한 지원군이자 동역자가 되어주었다. 이 부부는 지금도 미국에서 교회를 섬기며 기회가 주어지는 대로 사람들을 일대일로 양육하는 일들을 감당해나가고 있다.

날개를 달기 시작한 제자훈련

우여곡절이 많았지만 제자훈련 1기 수료자들이 교회에서 훌륭한 사역자로 세워지고 일꾼이 되는 모습을 보면서 2기를 모집할 때는 무려 12명이 지원했다. 여기에는 개척 멤버들도 포함되어 있었고, 그 사이 새로 교회에 들어와 정착하여 성장하고 있었던 성도들도 있었다. 제자훈련은 이때부터 날개를 달기 시작했다. 이때부터 목회가 제자훈련의 힘을 받기 시작했고, 재미있어지기 시작했다.

1기 제자훈련의 시행착오를 교훈 삼아 2기 제자반부터는 시작 단계부터 아주 꼼꼼하게 준비하고 점검했다. 12월부터 1월까지 두 달에 걸쳐 훈련생 모집을 하였고, 모집한 후에 인터뷰를 통해서 제자훈련 지원 동기를 체크하며 지원자가 그해 제자훈련을 받을 수 있는 상황이나 환경, 또 마음의 준비가 되어 있는지를 꼼꼼히 체크하였다. 그리고 오리엔테이션을 거쳐 최종적으로 남은 지원자들은 입학예배를 통해 훈련생으로서의 생활을 시작했다.

2기 제자반, 인원은 열두 명이었지만 훈련받을 수 있는 시간이 각기 달랐기 때문에 세 반으로 운영이 되었다. 그래서 전업주부들을 위한 평일 오전반, 직장인 남성들을 위한 평일 저녁반, 직장 여성을 위한 주일 오후반으로 나누어서 훈련을 진행했다. 보통 훈련이 시작되면 평균 3시간이 소요되고 거기에 성경대학, 중보기도학교, 기본 양육 과정 등 양육까지 함께 진행이 되다 보니 한 주에 6~7개의 성경공부반이 운영되었다. 또 새벽 예배를 포함하여 일주일에 열 번 정도의 설교를 해야 했으니 그야말로 한 주일이 정신없이 지나가 버렸다.

이 시기에 나는 잠을 거의 3시간밖에 못 잤던 것 같다. 그러나 피곤함을 느끼지 못할 정도로 양육과 훈련이 재미있었다. 양육과 훈련을 통해 초신자들이 교회에 정착하고 또 그들이 성장해가는 모습을 보니 배도 고프지 않고, 피곤함도 느끼지 못했다. 양육과 제자훈련을 통해 성도들의 신앙생활하는 태도가 바뀌고 헌신이 깊어질수록 교회의 분위기는 더 밝고 더 은혜스럽게 바뀌어 갔다. 특히 2기 제자반에서 훈련받았던 성도들은 지금도 교회의 곳곳에서 일꾼과 리더로 섬기며 교회를 함께 세워가고 있다.

양육과 제자훈련을 통해 교회의 분위기가 건강하고 밝게 바뀌어서일까? 개척 2년차와 3년차에는 감당하기 어려울 정도로 새가족이 늘어나기 시작했다. 지금 기억하기로는 거의 매주 새로운 얼굴들이 함께 예배를 드렸고, 그렇게 예배드리는 사람들 대다수가 교회에 등록하는 이해할 수 없는 일들이 일어났다. 서로 이름을 익히기도 힘들 정도로 사람들이 점점 늘어나기 시작했다. 마치 날마다 믿는 자의 숫자가 더해져 갔던 초대 교회를 보는 듯했다. 그렇게 교인들이 늘어나기 시작하니까 교회를 개척한 지 2년이 지났을 때, 재정적으로 자립이 되기 시작했고, 3년이 지나자 개척을 하는 과정에서 빚진 것들을 갚고, 돌려주게 되면서 완전히 하나의 독립된 교회로 홀로 설 수 있게 되었다.

이와 같이 양육과 제자훈련 목회는 이벤트 목회나 행사 위주의 목회와는 다르다. 당장 사람을 모아 머릿수를 늘리는 것과는 다르기 때문에 너무 빨리 열매를 기대하거나 목회의 성공을 기대해서는 안 된다. 다만 묵묵히 맡겨진 영혼을 말씀으로 돌보고 보살피면 3년 정도가 지나면서 열매를 맛보기 시작할 수 있다. 물론 이 시간이 경우에 따라서 더 늦어질 수도 있다. 그러나 한 사람을 주님의 헌신된 제자로 세운다는 중심을 가지고 흔들리지 않고 끝까지 포기하지 않는다면 제자훈련 현장만큼 심은 대로 거두는 원리가 그대로 적용되는 곳은 없다. 제자훈련은 심은 대로 거두고 뿌린 만큼 거둔다. 제자훈련은 거짓말을 하지 않는다.

제자훈련을 하면서 내 마음 속에는 사람이 많이 모이지 않아도 이렇게 성도들을 말씀으로 훈련시키는 일에 평생 헌신하고 쓰임받기만 한다면 그것으로 만족하고 감사할 수 있을 것 같다는 생각이 들었다. 그만큼 훈련 사역은 목회자 자신의 영적인 관리와 성숙에도 많은 도움이 된다. 제자훈련은 훈련생에게도 큰 유익이 되지만 제자훈련이 주는 축복의 가장 큰 수혜자는 인도자, 즉 목회자 자신이다.

2기 제자반은 대부분 사역훈련까지 받게 되었고, 지금은 교회 곳곳에서 평신도 사역을 아름답게 감당하는 교회의 기둥이 되었다. 2기 제자반을 기점으로 제자훈련은 우리 교회의 가장 중요한 문화로 바뀌었고, 이들이 순장으로 세워지면서 교회에 본격적인 순모임 시대가 열렸다. 동료 목사님 한 분이 언젠가 우리 교회의 전교인 수련회에 찾아와서 성도들을 보더니 "이 교회는 3년 이 아니라 10년 정도는 된 교회처럼 질서정연하고 뭔가 틀이 잡혀 있는 것 같다"고 했던 말이 기억난다. 아마도 교회의 짧은 역사에도 불구하고 제자훈련으로 인해 교회가 안정되었기 때문에 밝고 행복한 분위기를 풍길 수 있었던 것 같다.

교회가 7년이라는 시간을 지나오는 동안 제자반은 5기까지, 사역반은 2

기까지 훈련생을 배출하였으며 제자훈련을 통해 훈련된 40여 명의 평신도 사역자들이 지금도 교회 곳곳에서 자신의 은사에 따라 맡겨진 사역을 감당하는 동역자들로 사역하고 있으며, 목회의 든든한 지원군이 되고 있다.

제자훈련 목회를 통한 건강한 교회 성장

7년을 지나오면서 교회는 단단하면서도 내실 있는 성장을 이루어왔다. 개척한 지 2년 만에 재정적으로 자립되었고, 3년 만에 홀로서기가 이루어졌으며, 이제는 구제와 장학, 선교를 왕성하게 하고 있다. 현재 교회학교를 포함해 재적 210명, 주일 평균 170명 정도 모이는 교회가 되었다.

허름한 상가 건물 3층에서 개척을 시작한 푸른나무교회는 주일학교 학생이 75명까지 늘어나는 부흥을 경험하면서 같은 건물 2층에 교육관을 마련하여 사용하게 되었으며 장년부 예배는 1부와 2부 두 번에 나누어서 드리게 되었다.

우리 교회의 주일 풍경은 '도떼기시장'을 연상케 한다. 주일이 되면 공간은 부족하고 사람은 많아져서 건물 전체가 시끌벅적하다. 그러나 성도들은 이 좁은 공간에서 불편함을 불편함으로 여기지 않고, 서로를 배려하며 신앙생활 하는 그야말로 초대 교회와 같은 사랑이 넘치는 공동체가 되었다. 말씀이 들어가고, 말씀으로 훈련되어 은혜가 충만하니 장소의 불편함은 더 이상 불편함이 아니라 감사의 요소가 되었다.

나는 지금도 생각한다. '7년이라는 시간 동안 어떻게 이렇게 아름답고 건강한 교회 공동체가 세워질 수 있었을까?' 두말할 필요도 없이 제자훈련 목회가 준 축복이라고 생각한다. 물론 목회라는 것이 어떤 특정한 요인 하나로 다 설명할 수 있는 것은 아니다. 여러 가지 요소들이 복합적으로 작용했을 것이다. 개척의 시기도 중요했고, 성도들이 열심히 전도했기 때문이기도 하다. 그럼에도 불구하고 이 모든 것을 가능하도록 하나로 묶어준 것은 양육과 훈련이라고 말하고 싶다. 내가 양육과 제자훈련 목회를 하지 않았다면, 아마 지금도 어떻게 목회를 해야 하는지 몰라 혼란스러웠을 것이다. 그러면서 점점 지쳐갔을 것이다. 그러나 제자훈련 목회는 나에게 사람을 키워내고 사람을 세워가는 기쁨을 주었다. 제자훈련 목회는 몸은 고되고 힘들어도 그 어떤 것과도 바꿀 수 없는 기쁨과 행복을 준다. 목회자 혼자 뛰고, 목회자 혼자 힘을 소진하는 것이 아니라 함께 뛰고 함께 울고, 함께 웃고, 함께 움직이는 평신도 동역자들이 있다는 것은 얼마나 큰 축복인지 모른다.

제자훈련을 통해 우리 교회는 건강한 교회로 성장해가고 있고, 앞으로 양육과 훈련을 통해 세워진 성도들이 세워갈 아름다운 하나님 나라의 비전을 함께 꿈꾸며 그려가고 있다.

03

작은 교회에 필요한
양육·훈련 노하우

이번 장에서는 개척 후 7년 동안 제자훈련 사역 현장에서 성도들과 함께 뒹굴며 얻게 된 제자훈련에 대한 실제적인 노하우를 나누고자 한다. 물론 절대적인 것은 아니지만 시행착오를 줄이는 데 도움이 되리라 생각한다.

첫째, 분명한 목회철학과 목회전략을 세워라!

양육과 제자훈련 사역을 흔들림 없이 해나가기 위해서는 무엇보다 목회철학이 분명해야 한다. 그래야 어떤 현실적인 유혹에도 타협하지 않을 수 있다. 예를 들어서 제자훈련 목회를 하다가 열매가 빨리 나타나지 않으면 다른 프로그램으로 대체하려는 유혹을 받기 쉽다. 목회자들에게는 빨리 성장해야 한다는 일종의 강박증 같은 것이 있기 때문에 생기는 조급함이다. 이는 제자훈련을 프로그램으로 보기 때문에 생기는 문제이기도 하다. 그러므로 제자훈련을 하는 사역자들에게 제일 중요한 것은 바로 올바른 교회론에 바탕을 둔 목회철학과 목회전략을 세우는 것이다.

목회자는 결국 교회를 목회하는 것이므로 교회를 어떻게 보느냐가 참으로 중요하다.

'교회란 무엇인가?' 하는 질문을 다룰 때마다 언급되는 중요한 구절이 있다. 고린도전서 1장 2절이다.

> 고린도에 있는 하나님의 교회 곧 그리스도 예수 안에서 거룩하여지
> 고 성도라 부르심을 받은 자들과 또 각처에서 우리의 주 곧 그들과
> 우리의 주 되신 예수 그리스도의 이름을 부르는 모든 자들에게
>
> _고전 1:2

이 말씀에 따르면 교회는 두 가지 정의를 가진다. 첫째, 교회는 건물이 아니라 사람이다. 하나님의 교회를 설명하는 본 절에서 그 어디에도 교회를 건물이라고 말하지 않는다. 교회는 사람이다. 둘째, 교회는 공동체. 교회는 사람이지만 혼자 있는 개인이 아니라 구원받은 하나님의 백성들의 모임이요 공동체다.

교회가 사람이라고 할 때, 우리는 중요한 결론 하나를 내릴 수 있다. 교회를 세운다는 것은 건물이 아니라 사람을 세운다는 뜻이 된다. 그 한 사람 한 사람을 교회로 세워가는 것이 바로 목회다. 목회전략은 바로 여기에서 나온다. 교회가 사람이고, 그 사람을 교회로 세워가야 한다면 절대적으로

필요한 것이 양육과 훈련이다. 사람은 떡으로 사는 존재가 아니라 하나님의 입에서 나오는 말씀으로 사는 존재이기 때문이다.

교회라는 공동체가 이 땅에 존재하는 이유가 있다. 첫째는 하나님을 위해서 존재한다. 그렇기 때문에 교회는 예배를 드려야 한다. 둘째, 교회는 세상을 위해서 존재한다. 그렇기 때문에 전도와 선교를 해야 한다. 셋째, 교회는 교회 자체, 공동체를 위해 존재한다. 그렇기 때문에 말씀을 양육하고 훈련해야 한다. 이것은 선택의 문제가 아니라, 반드시 해야 하는 교회의 존재 이유이다.

많은 사람들이 양육과 훈련을 하나의 프로그램쯤으로 생각한다. 그렇게 해서는 지속적으로 양육과 훈련 목회를 하기 어렵다. 왜냐하면 프로그램은 하다가 안 되면 얼마든지 바꿀 수 있는 것이기 때문이다. 그러나 양육과 훈련이 목회철학에 근거한 목회전략이 될 때, 이것은 반드시 해야 하는 것이 되며 목회의 본질이 된다. 에베소서 4장 11~12절은 이러한 교회의 정체성을 지지해준다.

> [11]그가 어떤 사람은 사도로, 어떤 사람은 선지자로, 어떤 사람은 복음 전하는 자로, 어떤 사람은 목사와 교사로 삼으셨으니 [12]이는 성도를 온전하게 하여 봉사의 일을 하게 하며 그리스도의 몸을 세우려 하심이라_엡 4:11~12

주님께서 말씀 사역자, 즉 교역자를 세우신 이유는 교회와 성도를 위함인데, 구체적으로 성도를 온전하게 하며, 그 온전해진 성도에게 봉사의 일을 하게 하며, 이것을 통해서 그리스도의 몸, 즉 교회를 세우기 위함이라고 말씀하고 있다. 이때 무엇을 가지고 성도를 온전하게 하는가? 디모데후서 3장 16~17절을 보라.

> [16]모든 성경은 하나님의 감동으로 된 것으로 교훈과 책망과 바르게
> 함과 의로 교육하기에 유익하니 [17]이는 하나님의 사람으로 온전하게
> 하며 모든 선한 일을 행할 능력을 갖추게 하려 함이라_딤후 3:16~17

하나님의 말씀인 성경으로 성도를 온전하게 할 수 있다. 우리는 말씀을 통해 성도 한 사람 한 사람을 하나님의 사람으로 온전하게 하며, 모든 선한 일을 행할 능력을 갖추게 하는 것이다. 한 사람을 온전한 예수 그리스도의 제자로 세워가기 위해 우리에게 필요한 것은 바로 하나님의 말씀이다. 우리는 그 말씀을 가지고 성도를 온전한 하나님의 사람으로 훈련시키는 목회자이다. 이것이 목회의 본질이다.

예수님께서 이 땅에 오셔서 3년의 공생애 기간 동안 하신 일이 바로 그것이다. 이 개념이 분명하지 않으면 훈련 목회는 오래가지 못한다. 설사 훈련이 지속된다 하더라도 하나의 프로그램으로 전락하게 될 것이다. 그러므로 반드시 양육과 훈련을 시작하기 전에 분명한 목회철학과 목회전략을 정립해야 한다.

둘째, 교회 안에 양육·훈련 문화를 조성하라!

이것은 목회 초기부터 신경써야 하는 부분이다. 훈련이 문화가 되게 해야 한다. 양육과 훈련을 어떤 특별한 사람들의 전유물이 아니라 누구든지 해야 하는 과정으로 성도들이 인식하고 받아들이게 하기 위해서는 목회 초

기부터 설교와 교육을 통해서 양육과 훈련을 왜 해야 하는지에 대한 동기부여를 지속적으로 할 필요가 있다. 따라서 기회가 있을 때마다 성도들과 목회철학과 이에 따른 목회전략에 대해 나누는 것이 좋다.

기존 교회에서 제자훈련을 하려고 한다면 이러한 '토양화 작업'이 더욱 필요하다. 1년이 걸리든 2년이 걸리든 토양을 개선하는 시간을 반드시 거쳐야 한다.

그러나 개척 교회라면 이야기가 조금 달라진다. 자연스럽게 멤버들과 비전을 나누고 동기를 부여하여 훈련을 시작해나가면 좋을 것이다. 개척 교회는 기존 교회에 비해서 토양 작업이 비교적 빠르게 이루어질 수 있는 환경을 가지고 있다. 그러나 중요한 것은 개척을 하는 교회라 할지라도 목회자가 이러한 생각을 기회가 있을 때마다 성도들과 나누고 공유하는 시간이 필요하다. 이 과정이 때로는 의미 없는 지루한 과정처럼 보여도 앞으로 훈련 목회를 지속적으로 할 수 있는 토대를 마련해주는 과정임을 잊어서는 안 된다.

푸른나무교회에는 이제 어느 정도 이러한 문화가 정착이 되었다. 기본적으로 교회에 등록하는 교인들은 우리 교회의 이러한 문화를 잘 알기 때문에 양육과 훈련을 받겠다는 전제하에 등록을 한다. 그래서 새로운 사람이 교회를 방문했을 때, 억지로 등록시키지 않고 편하게 예배를 드리게 한다. 예배를 드리다 보면 우리 교회에 대한 분위기나 정보를 얻을 수 있기 때문이다. 그래서 새가족 등록을 할 때, 새가족반 과정을 소개하고 개강할 때, 꼭 참여하도록 권면한다. 이렇게 시작된 양육과 훈련 과정은 제자반과 사역반에 이르기까지 꽤 긴 여정이 되지만 대부분의 성도들이 기쁨과 즐거움으로 참여한다.

푸른나무교회가 가지고 있는 또 하나의 특징이 있다. 모든 성도는 양육과 훈련에 참여하여야 하지만 억지로 참여시키지 않는다는 것이다. 억지로 참여하도록 하면 양육의 효과가 줄어들기 때문이다. 의아하게 들릴지 모르겠지만 이것이 푸른나무교회가 양육과 훈련에 성공할 수 있었던 비결 중 하나였다. 같은 양육이라도 본인이 원해서 하는 경우와 억지로 하는 경우에는 효과적인 측면에서 차이가 크다. 양육의 결과나 효과는 다음 단계의 양육이나 훈련에 영향을 미치기 때문에 절대로 원하지 않는 사람에게 억지로 시키지 않는다.

대부분의 교회에서 양육이나 훈련에 실패하는 이유는 억지로 시키기 때문이다. 그러니까 말씀을 대하는 데 있어서 무성의해지고, 결석이 잦아지고, 나중에는 중도에 낙오하는 경우가 생긴다. 그러면 인도자나 양육자 모두에게 양육에 대한 좋지 않은 기억만을 남기게 된다. 그래서 양육이나 훈련에 대한 부정적인 소문이 돌기 시작하면 훈련 목회가 점점 힘들어진다.

성도들이 양육에 대해 사모함이 생기고 마음가짐이 준비될 때까지 양육과 훈련의 유익, 그것이 주는 축복, 그리고 이미 경험한 사람들의 간증을 통해서 계속 동기 부여를 해야 한다. 그러다 보면 훈련받고 싶은 마음이 생기게 마련이다. 바로 이때가 양육과 훈련을 시작할 타이밍이다.

셋째, 양육과 훈련을 구분하라!

'양육은 양육답게 훈련은 훈련답게'라는 말이 있다. 양육과 훈련은 반드시 구분하여 진행하는 것이 좋다. 제자훈련 목회를 하는 교회들 중에서 훈련을 양육같이 해서 전혀 훈련의 효과가 나타나지 않는 경우가 있는가 하면 양육을 너무 훈련처럼 강하게 해서 오히려 성도들이 더 이상 양육받을 힘을 잃어버리는 경우도 있다. 그렇기 때문에 양육은 양육답게, 훈련은 훈련답게 해야 한다.

　푸른나무교회의 양육은 단계별로 새가족반(5주), 확신반(4주), 신앙성장반(4개월)으로 구성되어 있다. 세 가지 단계별 양육은 그 단계에 따라 난이도가 달라지는데, 새가족반의 경우는 아무런 부담을 주지 않는다. 심지어는 성경책을 찾을 필요가 없도록 교재에 참고 구절까지 다 넣어주기 때문에 참석하여 듣기만 하면 되도록 구성하였다. 물론 과제도 내주지 않는다.

　그다음 과정인 확신반은 4주간 진행이 되는데, 이 과정부터는 부담스럽지 않은 범위 내에서 두 가지 과제를 내준다. 예를 들면 교재에 제시된 성경 구절을 미리 찾아 기록해 온다든가 그 과의 주제 성구 한 절을 외워오는 정도의 간단한 과제이다. 대부분의 교인들이 여기까지 따라오는 데는 무리가 없다.

　성장반은 4개월 과정으로 진행이 되는데, 일종의 '예비 제자반'이라고 할 수 있다. 이 과정에서는 양육 과정이지만 훈련 과정을 아주 조금 맛볼 수 있도록 진행한다. 또한 성경 읽기, 성경 암송, 참고 구절 찾아오기 정도의 기본적인 과제가 주어진다. 요지는 양육 과정이 부담스러우면 안 된다는 것이다. 그리고 가능하면 기초 양육 단계일수록 그 과정이 길지 않도록 하면 좋다. 그렇게 함으로써 초신자들이 성경 공부를 마치는 성취감을 맛보며 계속해서 양육을 받을 수 있도록 도와주게 된다. 예를 들어서 우리 교회의 기본 양육 과정은 새가족반 5주와 확신반 4주, 총 9주의 과정으로 되어 있다. 사실 9주 정도면 한 과정으로 묶어서 진행해도 전혀 문제가 없다. 그러나 이 과정을 일부러 두 과정으로 나누어서 진행하는 것은 새가족들이 한 단계 한 단계 성장하는 성취감을 맛볼 수 있게 하고, 그들에게 계속해서 양육과 훈련을 이어갈 수 있는 힘을 주기 위함이다. 양육의 과정이 너무 길면 앞으로 해야 할 양육과 훈련 단계에 부담을 느낄 수도 있기 때문이다.

양육 단계에서는 가능하면 부담을 주지 않고 재미있게 양육에 참여할 수 있도록 하면서도 단계가 올라갈 때마다 과제나 참여도에 있어서 조금씩 수준을 높여가는 것이 좋다. 그러나 이것도 너무 부담스럽지 않은 수준이어야 한다. 그래서 나중에 성장반까지 마치고 나면 어느 정도 제자훈련을 받을 만큼 자연스럽게 영적인 근육이 자라도록 도와주어야 한다. 양육은 훈련을 받기 위한 근육을 키우는 과정이라고 할 수 있다. 그러나 양육 단계에만 성실히 참여해도 이 과정 속에서 받는 은혜가 상당히 크기 때문에, 자연스럽게 훈련에 대한 기대감이 높아질 수밖에 없다.

이러한 일련의 과정을 거쳐서 제자훈련과 사역훈련에 들어오면 양육 때와는 판이하게 다른 형태로 훈련이 진행된다. 제자훈련을 양육처럼 부담 없이 진행하면 훈련생에게 큰 유익이 되지 못한다. 그저 또 하나의 성경공부 프로그램 중 하나가 될 것이다. 제자훈련의 목적은 지식을 습득하는 것이 아니다. 삶의 변화에 초점을 두고 경건의 습관을 훈련하는 과정이다. 따라서 훈련의 강도가 느슨하거나 약해서는 안 된다.

푸른나무교회 성도들은 제자훈련이 얼마나 힘든 과정인지를 이미 알고 있는 상태에서 훈련 과정에 들어온다. 그리고 힘들지만 그 과정을 인내한다. 이렇게 해서 후에 소그룹의 순장이나 팀의 리더가 될 때, 구성원들은 그 리더를 리더로 인정하고 존경하게 된다. 힘든 훈련의 과정을 끝까지 마치고 수료한 것만으로도 리더를 바라보는 눈이 달라진다. 그리고 그렇게 훈련받은 리더들은 많은 삶의 변화를 경험하고 다른 사람들을 신앙적으로 리드할 수 있는 사람이 된다.

쉽고 편하게 훈련하고 훈련받으려는 유혹과 타협해서는 안 된다. 훈련을 약하게 하려면 훈련이라는 이름을 붙이지 말고, 양육이라고 하는 것이 좋다. 훈련이 훈련다울 때 훈련생이 겸손한 마음으로 임하게 된다. 또한 훈련을 받고 있다는 사실에 감사하며 자부심을 갖게 된다.

넷째, 제자훈련 시스템을 구축하라!

많은 교회에서 제자훈련을 한다고 하지만 제대로 이루어지지 않거나 실패하는 경우가 많다. 거기에는 많은 이유가 있겠지만, 중요한 이유 중 하나는 목회자들이 제자훈련 시스템에 대한 이해가 전혀 없기 때문이다.

예를 들면, 좋은 제자훈련 교재를 가지고 어떤 대상에게 내용을 열심히 가르치면 그게 곧 제자훈련이라고 생각한다. 그러나 같은 교재를 가지고 공부하더라도 방법에 따라 그 결과에는 엄청난 차이가 있다. 제자훈련은 교재에 있는 내용을 가르쳐서 끝내는 데 목적이 있지 않다.

사실 지금 많이 사용되고 있는 대부분의 제자훈련 교재들을 보면 내용에 있어서 큰 차이가 없다. 물론 기본적으로 좋은 교재를 선택하는 것은 제자훈련에 있어서 매우 중요하다. 그러나 교재가 좋다고 제자훈련이 성공하는 것은 아니다. 제자훈련은 체계적인 시스템 안에서 이루어져야 한다. 여기에서 말하는 시스템은 제자훈련을 받는 훈련생이 더 효과적으로 훈련을 받기 위한 일종의 부수적인 장치들을 말한다. 이 부수적인 장치들이 훈련을 더욱 효과적으로 만들고, 의미 있게 만들고 제자훈련의 성과와 열매를 더 풍성하게 만들기도 한다. 제자훈련을 하는 목회자들이 놓치는 부분이 바로 이 부분이다.

제자훈련에는 처음부터 마지막까지의 단계별 기준이 필요하다. 예를 들어 푸른나무교회에서는 12월 말부터 1월까지 두 달간 훈련생 모집에 들어간다. 이때, 나는 의도적으로 아무나 훈련에 지원하지 말라고 광고한다. 그래서 첫 한 달간은 제자훈련 모집 광고는 계속 하지만 신청서는 내놓지 않는다. 섣불리 지원하지 말고 정말 신중하게 생각하고 지원하라는 뜻이다. 그리고 1월부터 신청서를 비치한다.

1월 한 달간 제자훈련 신청을 받은 후에는 인터뷰를 통해 한 번 더 제자훈련에 대한 마음이나 태도가 어느 정도인지, 정말 본인이 원해서 하는 것인지 아니면 타인에 의해 억지로 하는 것인지, 1년간 제자훈련에 최우선순위를 두고 임할 수 있는지 등 여러 가지 질문을 통해 신청자가 훈련을 받을 수 있는지에 대해 점검하고 판단한다. 그리고 최종적으로 아직 준비가 안 되어 있다고 판단될 때는 1년 동안 기다리며 기도로 준비하도록 권면한다.

그렇게 선발된 훈련생들과 함께 오리엔테이션을 통해 1년 동안 이루어질 훈련의 내용들을 대략적으로 설명하고, 제자훈련 과제에 대해 알려주고, 제자훈련을 하는 동안 주의할 점과 제자반에서 이루어지는 규칙(벌금 제도 등)들을 설명한다. 그러면 훈련의 강도가 강할 것이 예상이 되기 때문에 포기하는 사람도 있다. 그래서 오리엔테이션 후에 다시 한 번 훈련에 참여할 것인지 최종 선택을 할 수 있도록 시간을 주고, 만약 지금 훈련을 받을 준비가 되어 있지 않다면 다음 기수로 미루도록 한다. 이런 과정을 통해서 훈련생들은 훈련에 대한 각오를 더욱 단단히 다지게 된다.

이렇게 오리엔테이션까지 통과하여 남은 훈련생들과 함께 입학예배를 드린다. 입학예배는 가능하면 주일 예배 때 모든 성도가 보는 앞에서 드린다. 그렇게 하는 데는 두 가지 이유가 있다. 먼저는 훈련생들을 위해서다. 모든 성도가 훈련생들의 증인이자 그들을 응원하는 사람이 되는 것이다. 그러면 제자훈련에 대한 책임감이 더 커질 수밖에 없다. 두 번째 이유는 회중을 위해서다. 아직 제자훈련에 참여하지 않고 고민하는 성도들에게 훈련에 대한 동기 부여를 주는 시간이다. 특히 설교를 통해서 제자훈련의 필요성을 다시 한 번 강조함으로써 다른 성도에게 언젠가는 제자훈련을 받아야겠다는 마음의 도전을 주는 것이다.

입학예배에는 특별한 의식이 있다. 제자훈련에 필요한 모든 도구를 패키지로 묶어서 제자훈련 라벨이 부착된 지퍼백에 넣어서 수여한다. 이 지퍼백 안에는 제자훈련에 필요한 모든 도구가 들어 있다. 각자가 구입하여 마련할 수도 있는 것들이지만 교회에서 함께 구매하여 전달하면 훈련생들이 서로 일체감 같은 것을 갖게 된다. 훈련생들은 이것을 1년 동안 소중하게 가지고 다니는데 어느새 이 훈련 패키지는 훈련생들에게 자부심의 상징이 되었다.

이렇게 입학예배까지 드린 훈련생들과 조금 더 빨리 친해지기 위해 초기에 M.T나 아웃팅을 계획하여 진행한다. 이 시간을 통해 서로에 대한 어색함을 줄일 수 있고, 조금 더 빨리 서로에 대해 알아갈 수 있다. 훈련이 끝나면 종강 수련회 또는 단기선교 등을 통해 훈련을 마무리하는 것이 좋다.

여름방학 기간을 빼고 9개월간의 제자훈련을 이끌어가기 위해서는 지혜와 노하우가 필요하다. 위기가 올 때마다 적절하게 동기 부여를 해야 하고, 상담을 병행해야 하며, 지치거나 느슨해지지 않도록 적절한 텐션으로 인도의 수위를 조절해야 한다. 무엇보다 결석과 지각이 없도록 하는 것이 중요하다. 제자훈련이 힘들기만 하면 누가 이 훈련을 받겠는가? 고되고 힘들지만 그 안에서 말씀을 통한 은혜를 체험하고 자기가 변하는 체험을 하기 때문에 끝까지 할 수 있는 것이다. 이렇게 은혜를 체험한 훈련생들은 자연히 제자훈련 홍보대사 역할을 하게 된다. 그들의 말을 들어보면 한마디로 "힘든데 정말 좋다"는 것이다. 그들의 말 한마디가 다음 기수의 제자반을 모집하는 데 큰 역할을 한다.

9개월간의 훈련과 종강 수련회까지 마치고 나면 수료예배를 드린다. 이날은 온 성도 앞에서 제자훈련을 통해서 배운 말씀을 암송하고, 받은 은혜를 눈물로 간증하며, 순 식구들과 소속된 공동체에서 준비한 선물을 나누고, 온 성도가 함께 축하하고 기도해주는 시간을 가진다. 이렇게 함으로써 1년간의 훈련 과정은 그들에게 잊히지 않는 감격과 은혜의 기억으로 남게 된다.

이것이 제자훈련의 모든 과정이다. 다시 한 번 강조하지만, 제자훈련은 단순히 교재의 내용을 잘 가르치고 배우는 것이 아니다. 지금까지 설명한 것과 같은 일련의 시스템과 틀을 가지고 있지 않으면 실패하거나 중도에 포기할 가능성이 높아진다. 제자훈련 목회자는 반드시 이러한 과정 전체가 제자훈련이라는 것을 기억하고 이해해야 한다.

양육·제자훈련 목회가 준 유익과 축복

교회를 시작할 때, 양육과 훈련이 중심이 되는 교회, 말씀으로 성도를 세우는 교회가 되기를 소망하며 개척에 뛰어들었다. 주변에서는 우려하는 목소리도 많았지만 뚝심 있게 7년 동안 한 우물을 팠을 때 주어진 목회의 축복은 엄청났다. 첫째, 교회와 목회자에게 상처 입은 사람들, 또는 세상에서 이리 치이고 저리 치여 아픔과 상처를 가지고 교회를 찾아온 사람들이 말씀을 통해 회복되는 과정을 지켜볼 수 있었다는 것이다. 말씀을 배우고 은혜를 받으니까 1년이 지나면서 거의 회복이 되었다. 그리고 그들이 회복되어 교회의 봉사자와 리더로 세워지는 감격을 맛볼 수 있었다. 둘째, 훈련된 리더들이 항상 교회의 중심을 잡아주었다. 교회를 개척하고 지금까지 몇 번의 위기가 찾아왔다. 교회가 갈라지거나 무너질 수도 있었을 만한 위기였다. 그러나 훈련받은 리더들이 중심이 되어 흔들림 없이 자기의 자리에서 교회를 지키고 성도들을 붙늘어 주었기 때문에 교회 전체가 어려움들을 극복할 수 있었다. 셋째, 양육과 훈련을 통해 젊은 세대가 모여들었고, 그러다 보니 교회학교가 함께 성장하기 시작했다. 이것은 우리 교회가 가진 가장 큰 축복일 것이다. 대다수의 한국 교회에서는 어느 정도 규모가 있는 교회들조차도 젊은 세대가 교회를 떠나고 교회학교가 문을 닫을 정도로 인원이 줄어들고 있는데, 푸른나무교회는 현재 교회 학교를 포함하여 200여 명이 함께 신앙생활을 하는 행복한 공동체가 되었다. 특히 주목할 만한 점은 구성원 중 30~40대 비율이 85퍼센트라는 것이다.

무엇보다도 앞으로 10년, 20년 후 푸른나무교회의 모습이 기대된다. 지금 교회학교 어린이들과 학생들, 그리고 이들이 말씀으로 잘 양육받고 자라서 교회의 중심이 될 것이고, 현재 교회의 대다수를 이루고 있는 30~40대 성도들이 말씀으로 잘 훈련되어 교회의 리더가 되었을 때, 어떤 시너지 효과가 나타날지 벌써부터 기대가 된다.

제자훈련 목회를 통해 성도가 얼마나 모이느냐를 자랑하는 교회가 아니라 예수님을 닮은 그리스도의 제자가 우리 교회를 통해 얼마나 많이 세워지느냐가 우리의 주된 관심사가 되고 있으며, 작지만 건강한 교회, 큰 교회가 감당할 수 없는 일들을 해내는 영적 근육이 잘 단련된 교회를 이어가기 위해 앞으로 계속해서 이 제자훈련 목회를 해나갈 것이다.

지금도 옥한흠 목사님의 광인론과 만났던 그 순간을 생생히 기억하고 있다. 제자훈련은 해보다가 안 되면 집어치우는 하나의 프로그램이 아니다. 많은 목회자들이 제자훈련을 교회 부흥을 위한 프로그램으로 접근하기 때문에 제자훈련에 실패하게 되고, 여러 가지 부작용을 낳게 된다. 목회 성공을 위해서 제자훈련을 도구로 삼는 일은 없어야 한다. 제자훈련이 목회 성공을 위한 도구로 전락할 때, 그 본질을 잃어버리게 될 것이다.

제자훈련은 목회의 본질이다. 예수님께서 공생애 3년 동안 하신 일이 무엇인가? 열두 명의 제자를 훈련하신 것이다. 물론 설교와 치유 사역도 하셨지만 예수님은 항상 열두 명의 제자에게 집중하셨다. 그리고 예수님이 떠나실 때 이 땅에 남겨놓으신 것은 무엇인가? 그 또한 열두 명의 제자였다. 그리고 마지막 이 땅을 떠나실 때 제자들을 향해 명령하신 것도 "제자 삼으라"는 명령이었다.

제자훈련은 예수님이 그분의 교회를 이 땅에 세우기 위해 우리에게 보여주시고 말씀해주신 목회의 방법이고 전략이고 본질이다. 그러므로 우리가 제자훈련 목회를 한다고 할 때 그것은 목회의 본질을 회복하는 일임을 잊지 말아야 한다. 예수님께서 목회하셨던 그 방법을 나도 따라가고 닮아가는 것이다. 사람을 모으기 위한 목회가 아니라 한 사람 한 사람을 예수님 닮은 그리스도의 제자로 세워가기 위한 것이 제자훈련의 핵심임을 잊지 말아야 한다. 예수님께서 보여주신 목회가 제자훈련이라면, 그리고 우리가 그렇게 목회하기를 원한다면 우리는 목회의 성공 여부를 떠나 한 사람을 붙들고 씨름하는 이 일에 미쳐야 한다. 이것만으로도 우리가 제자훈련에 미쳐야 하는 이유는 충분하다.

세상에서도 어떤 분야에서 어느 정도의 경지에 이르기 위해서는 그 일에 미쳐야 한다. 취미 생활로는 경지에 이를 수 없다. 목회도 마찬가지다. 목회는 생명을 건 영적 싸움이며, 미치지 않으면 할 수 없는 일이다. 그러나 어떤 목회자는 엉뚱한 것에 미쳐서 오히려 교회를 무너뜨리고 성도를 무너뜨리기도 한다. 이왕 우리가 미쳐야 한다면 목회의 본질을 회복하는 데 미쳐야 한다. 예수님에게 미쳐야 한다. 사람을 살리는 데 미쳐야 한다. 말씀에 미쳐야 한다.

이제 목회를 시작하는 동역자들, 그리고 교회를 개척해서 말씀 중심의 교회를 이루어가기를 원하는 동역자들에게 부탁한다. 우리가 먼저 제자훈련에 미쳐야 한다. 그렇게 목회할 때, 몇 명이 모이느냐에 상관없이 행복한 목회를 할 수 있다. 한 사람 한 사람을 예수님의 제자로 세워가는 그 일 자체가 목회이고, 그 일 자체가 엄청난 영광이고, 열매이기 때문이다.

무리를 보시고 불쌍히 여기시니
이는 그들이 목자 없는 양과 같이 고생하며
기진함이라

마태복음 9:36

자녀가 이 땅에서 살아가는 동안 고통스러운 순간을 맞이하기 원하는 부모는 없을 것이다. 그러나 고통과 시험이 없는 삶은 없다. 그렇기 때문에 부모는 자녀의 삶에 어떤 고통스러운 상황이 찾아오더라도 하나님께 능히 이길 만한 힘과 지혜를 찾는 법을 가르치며, 그것을 위해 기도해야 한다.

제자훈련의 뿌리,
가정

너희가 거듭난 것은 썩어질 씨로 된 것이 아니요
썩지 아니할 씨로 된 것이니 살아 있고
항상 있는 하나님의 말씀으로 되었느니라

베드로전서 1:23

01
가정, 신앙의 뿌리

목회와 신학 2018년 4월호 특집에서는 19세 이상 교회 출석 개신교인 500명과 목회자 300명을 대상으로 〈한국 교회 신앙의 현재와 미래〉라는 주제로 설문조사를 진행하였다. 가장 인상적인 설문 결과 중 하나는 "성도들의 신앙 성숙에 가장 큰 영향을 끼친 사람은 누구라고 생각하십니까?"라는 질문에 대한 성도들과 목회자의 생각 차이였다. 이 질문에 대하여 성도들은 1위가 어머니(23.6%) 2위가 목회자(21.4%) 3위가 배우자(17.7%)라고 답했다. 반면에 목회자들은 1위가 목회자(61%) 2위가 어머니(11%) 3위가 교회 교우(11%)라고 답했다.

왜 성도들은 목회자와 교회 교우가 아닌 어머니와 배우자로부터 더 큰 영향을 받았다고 대답했을까? 아마도 평신도 입장에서는 목회자의 삶의 모든 면을 볼 수 없지만, 어머니를 통해서는 참된 신앙의 삶이 무엇인지를 모두 볼 수 있었기 때문일 것이다. 이 통계는 신앙 성숙에 있어 가정이 얼마나 중요한지를 잘 보여주고 있다.

삶으로 가르치는 예배

아이들이 주일에 교회에 가서 말씀을 듣고, 배우는 것으로 온전한 신앙을 가질 수 있을까? 일주일에 한 번 목사와 교사를 만나는 것으로는 성숙한 신앙인으로 자라는 데 한계가 있다. 신앙 교육은 가정에서 먼저 이루어져야 한다. 자녀에게 무언가 가르치는 일에 앞서 먼저는 부모의 삶 자체가 교육이 된다는 점을 말하고 싶다.

이 글을 쓰고 있는 나 역시 어머니의 삶을 통해 예배, 말씀, 기도, 전도의 삶을 배웠다. 이 챕터에서는 가정에서 보이는 부모의 모습이 자녀에게 어떤 변화를 가져오는지 나의 경험을 토대로 나누고자 한다.

나의 어머니는 항상 마음과 정성과 온 힘을 다해 예배를 드리셨다. 어머니가 예배를 얼마나 사모하고 소중히 여기시는지 알게 된 특별한 계기가 있었다. 바로 동생의 죽음이 있던 주간의 주일 예배에서였다. 둘째 아들을 잃고 괴로운 심정으로 매일 눈물만 흘리던 어머니에게 주일이 찾아왔다. 당시 어머니는 교회학교에서 소년부 교사로 섬기고 계셨다. 괴로움이 너무 커서 교회학교 예배에 참석하기 어려웠지만, 어머니가 가지 않으면 자신에게 맡겨진 소년부 아이들이 부모 없는 고아처럼 다른 반으로 뿔뿔이 흩어져 예배를 드리고 분반 공부를 해야 하는 상황이었다. 어머니는 자녀를 잃은 것도 괴로웠으나, 하나님께서 보내주신 영적인 자녀들이 흩어질 것을 생각하니 더 괴로우셨다고 당시를 회상하신다. 결국 아이들과 함께 예배를 드린 후, 분반 공부 시간이 되었다. 아이들에게 말씀을 가르쳐야 하는 시간이었지만 도저히 그럴 수가 없어 "둘째 아들이 교통사고로 죽게 되어 너희들을 가르칠 수 없어 미안하다"고 말씀하시고는 펑펑 우셨다. 그러자 아이들도 어머니를 따라 함께 울었다.

나는 어머니의 모습에서 "너희는 먼저 그의 나라와 의를 구하라"(마 6:33)는 말씀대로 사는 삶이 무엇인지 배웠다. '예배자의 정신'은 이런 것이었다. 한 아들은 교통사고로 죽고, 다른 한 아들은 술주정뱅이가 되어 소망이 없는 끔찍한 상황에서도 있어야 할 자리를 지킨 어머니의 예배를 하나님께서 기뻐 받으셨다. 이 일이 있은 후, 어머니가 맡은 반 학생 수는 계속해서 늘어나 반을 나눠야 했다. 그해 말, 어머니는 전남노회에서 주는 최우수 교사상을 받았다. 소년부 아이들은 하나님께 드려지는 예배는 가장 소중하며, 우리 인생 가운데 최우선순위가 되어야 한다는 것을 어머니의 삶을 통해 자연스럽게 알게 되었다. 자녀인 내가 어머니의 모습을 통해 예배가 무엇인지 배운 것은 너무나 당연한 일이었다.

자녀를 예배자로 세우는 기도

어머니는 그 후로 하나밖에 없는 아들인 나를 위해 더욱 기도하셨다. 당시 나는 동생의 죽음으로 인해 삶에 소망을 잃어 자신을 원망하며 매일 술만 마시는 술주정뱅이였다. 그러나 긍휼의 하나님께서는 무려 10년을 간절하게 기도하신 어머니의 기도에 응답해주셨다. 술주정뱅이로 살던 내가 예배자가 된 것이다. 극심한 고난과 고통 가운데서도 예배자의 삶을 보여주셨던 어머니처럼, 나 또한 극심한 고난과 고통 가운데서 하나님께 엎드리게 되었다. 어머니의 삶을 통해 배운 대로 살아 계신 하나님께 예배드리고 간절히 기도하는 사람이 된 것이다[1].

자녀가 이 땅에서 살아가는 동안 고통스러운 순간을 맞이하기 원하는 부모는 없을 것이다. 그러나 고통과 시험이 없는 삶은 없다. 그렇기 때문에 부모는 자녀의 삶에 어떤 고통스러운 상황이 찾아오더라도 하나님께 능히 이길 만한 힘과 지혜를 찾는 법을 가르치며, 그것을 위해 기도해야 한다. 무엇보다 자녀는 부모의 모습을 보고 배운다는 점을 잊지 말고 하나님 앞에 자신이 살아가는 모습을 늘 점검해야 할 필요가 있다.

지금 나의 자녀들이 예배자로 자라고 있는 것은 두말할 필요가 없다. 어머니의 삶과 기도로 내가 예배자가 되었듯이 어머니의 손자와 손녀도 예배자가 된 것이다. 토요일에 삼대가 모여 예배를 드릴 때가 있었는데, 어느 날

---

1 하나님께서는 나를 변화시키기 위해 성령으로 세례 주시고 광야로 인도하셨다. 하나님께서는 광야에서 관계, 재정, 건강, 교육과 진로의 문제를 통해 가장 중요한 것이 예배임을 가르쳐주셨다. 그리고 성령 안에서 말씀과 기도로 거룩해지는 법을 가르쳐주셨다. 그 광야훈련에 관한 이야기는 《리더십 고민이 뭐니》(도서출판 목양)라는 책에서 나누었다.

은 내가 다른 지역 교회의 부흥회와 주일예배를 섬겨야 해서 토요 가정예배를 인도할 수가 없었다. 그래서 어머니나 아내가 예배를 인도할 것이라고 생각했는데, 놀랍게도 아들이 오늘은 아빠가 없으니 자기가 가정예배를 인도해야 한다며 순서에 맞춰 사도신경을 고백하고 찬송가 두 곡을 부른 후 말씀을 선포했다고 한다. 아들은 사도행전 27장으로 '보호하시는 하나님'이라는 말씀을 전했고, 가족 모두 큰 은혜를 받았다고 한다. 나는 이 소식을 듣고 깜짝 놀랐다. 가정예배를 어떻게 인도해야 하는지 가르쳐준 적이 없는데도 보고 배운 것이다.

가정의 가장 큰 위로, 하나님

어머니는 이후 자신과 가족 이름 외에 대부분의 것들을 기억하지 못하는 알츠하이머 치매 중기 증세를 보이시고 섬망증, 당뇨합병증을 앓으시면서도 전도할 때 사용하시던 성경 120구절을 암송하셨다. 아무것도 기억하지 못하는 어머니의 입에서 하나님의 말씀이 계속해서 흘러나왔다. 말씀을 읊조리는 어머니를 보니 하나님의 말씀이 어머니를 붙들고 계신다는 확신이 들었다. 모든 것을 잊어버려도 주님을 기억할 수 있다면 복된 인생이라는 생각이 들면서 나에게 말할 수 없는 위로가 되었다.

> [23]너희가 거듭난 것은 썩어질 씨로 된 것이 아니요 썩지 아니할 씨로 된 것이니 살아 있고 항상 있는 하나님의 말씀으로 되었느니라 [24]그러므로 모든 육체는 풀과 같고 그 모든 영광은 풀의 꽃과 같으니 풀은

마르고 꽃은 떨어지되 ^{25}오직 주의 말씀은 세세토록 있도다 하였으
니 너희에게 전한 복음이 곧 이 말씀이니라_벧전 1:23~25

다른 모든 것은 변해도 하나님의 말씀은 변하지 않는다는 사실이 우리
에게는 큰 위로가 된다. 성령 안에서 체화된 말씀을 통하여 긍휼의 하나님
께서 연약한 내 가정과 함께하고 계신다는 사실만큼 소중한 것이 또 어디
에 있을까? 말씀을 읽고 묵상하며 암송하는 것은 우리에게 어떤 어려운 순
간도 이겨낼 수 있는 힘을 준다. 말씀이 내 삶 가운데 친밀하게 다가오는 것
을 경험하려면 반드시 읽고, 묵상하고 암송하는 훈련이 이루어져야 한다.

어느 날은 무리한 일정을 소화해내던 아내가 쓰러져 응급실에 갔다가
함께 집으로 돌아왔는데, 작은 방에서 우리의 자녀 샘과 에스더의 찬양 소
리가 들렸다. "나는 하나님을 예배하는 예배자입니다. 내가 서 있는 곳 어디
서나 하나님을 예배합니다…." 우리는 매일 저녁 8시가 되면 가정예배를 드
리는데, 그날은 엄마아빠가 지쳐서 자기들끼리 예배를 드리는 게 낫다고 생
각했다는 것이다. 아이들은 예배를 드린 후 나와 아내 그리고 어머니를 위
해 간절히 기도했다.

하나님께서는 그런 우리 가정에 큰 은혜를 베풀어주셨다. 어머니는 6개
월 만에 자신이 쓰러졌던 순간을 제외하고는 모든 것을 다시 기억하셨다.
병원에서도 이해할 수 없었는지 몇 번의 검사 결과 경도인지장애만 있는
상태라고 결론을 내렸다. 나는 어린 자녀들의 기도를 하나님께서 들어주셨
다고 생각한다.

어머니는 나에게 이런 말씀을 하셨다. "아들아. 하나님이 우리 가정의

기업이요, 선물이다. 우리 가정의 가장 큰 자랑이 바로 하나님이시라는 것을 꼭 기억해야 한다. 너희 부부와 손자, 손녀가 하나님을 경외하는 예배자가 되었기 때문에 이제 나는 죽어도 여한이 없다."

그렇다. 살아 계신 하나님, 긍휼의 하나님, 은혜의 하나님, 신실하신 하나님이 바로 우리 가정의 가장 큰 복이며 모든 것임을 고백한다.

가정예배와 성령 충만

선교하는 가정, 선교 지향적인 가정의 출발은 가정예배에서 시작한다. 왜 가정예배인가? 함께 주님을 바라봐야 하기 때문이다. 우리들의 기준이 아닌 하나님의 기준으로 섰을 때 그 가정에는 진정한 평화와 기쁨이 오게 된다. 하나님의 나라가 가정 가운데 이루어지게 되는 것이다. 진심을 넘어서는 전심의 예배 가운데는 성령 충만의 은혜가 임한다.

> [18]술 취하지 말라 이는 방탕한 것이니 오직 성령으로 충만함을 받으라 [19]시와 찬송과 신령한 노래들로 서로 화답하며 너희의 마음으로 주께 노래하며 찬송하며 [20]범사에 우리 주 예수 그리스도의 이름으로 항상 아버지 하나님께 감사하며 [21]그리스도를 경외함으로 피차 복종하라_엡 5:18~21

가정에 성령이 충만하면 하나님을 향한 찬송과 범사에 감사가 넘친다(19, 20절). 그리고 자신의 이기적인 욕심을 버리며 그리스도를 경외함으로 피차 복종하는 복된 가정이 된다(21절). 성령 충만해야 내 필요가 아닌 배우자의 필요, 내 중심성이 아닌 하나님 중심의 삶, 내 이웃을 내 몸과 같이 사랑하는 삶을 살 수 있다.

나는 각 가정을 심방할 때 다음과 같은 순서로 가정 예배를 드리도록 하고 있다.

① 찬송가 1곡 또는 복음성가 1곡
② 사도신경
③ 찬송가 1곡 또는 복음성가 1곡
④ 말씀 읽고 묵상 나눔
⑤ 말씀에 근거한 기도 및 중보기도
⑥ 주기도문으로 마침

가정예배 인도는 남편이 하도록 지도하고 있다. 남편은 집안의 영적인 가장이기 때문이다. 남편의 신앙이 연약하여 인도하기 힘들 때는 남편이 세워질 때까지 아내가 인도하며 남편을 격려하며 도우라고 권면한다.

다음 세대를 위해 흘려야 할 눈물의 기도

우리는 사사 시대처럼 점점 다른 세대가 되어가고 있는 다음 세대를 위해 하나님께 간절한 눈물의 기도를 올려드려야 한다.

7백성이 여호수아가 사는 날 동안과 여호수아 뒤에 생존한 장로들 곧 여호와께서 이스라엘을 위하여 행하신 모든 큰 일을 본 자들이 사는 날 동안에 여호와를 섬겼더라 8여호와의 종 눈의 아들 여호수아가 백십 세에 죽으매 9무리가 그의 기업의 경내 에브라임 산지 가아스 산 북쪽 딤낫 헤레스에 장사하였고 10그 세대의 사람도 다 그 조상들에게로 돌아갔고 그 후에 일어난 다른 세대는 여호와를 알지 못하며 여호와께서 이스라엘을 위하여 행하신 일도 알지 못하였더라_삿 2:7-10

우리는 무너지는 가정을 회복시키고 하나님이 기뻐하시는 가정을 세우기 위해 결혼 예비 커플과 신혼부부 커플을 위한 교육과 제자훈련에 힘써야 한다. 성경적 모델을 진심으로 따르는 부부로 훈련받은 자들이 그들의 다음 세대에게 신앙을 전수하는 주된 사명을 감당하도록 도와야 한다. 이와 관련한 내용을 다음 챕터 '결혼 전 제자훈련'에서 자세히 다루도록 하겠다.

02
결혼 전 제자훈련

　　다음 세대를 위한 제자훈련을 오랫동안 해오면서 깨달은 것 중 하나가 제자훈련은 결혼 전부터 철저히 해야 한다는 것이었다. 부모가 변하지 않고는 자녀가 변화되기 어렵기 때문이다.

　　자녀 세대, 특히 4~14세 어린이, 청소년은 현재 새로운 선교 주체로 주목받고 있다. 복음의 전달력이 어떤 연령층보다 뛰어나기 때문이다. 이들에게 전하는 복음 운동을 4/14 윈도우[1] 운동이라 한다. 이것은 지난 20년간

---

1 이 용어는 2008년에 뉴욕 프라미스 교회의 김남수 목사와 Luis Bush 박사의 짧지만 의미 있는 회동 이후 추진되어 오다가, 2009년 9월 6일부터 9일까지 나흘간 세계 65개국의 사역자 350명이 뉴욕 프라미스 교회에서 첫 번째 글로벌 써밋으로 모인 자리에서 세계적인 운동으로 정식 발족 선언되었다.(프라미스 교회 홈페이지 https://www.promise414.com/414-window/414-window-movement/)

세계 선교전략의 중심이었던 10/40 윈도우의 다음 장(the second page)이라 할 수 있다. 이들을 단순히 기독교 교육 또는 선교의 대상으로만 여기는 것이 아니라, 그들에게 접근(reach), 구원(rescue), 훈련(root), 파송(release)하여 선교의 주체(agent) 또는 파트너(partner)로 여겨 세계 변혁을 앞당기고자 하는 것이 4/14 윈도우 운동의 핵심 개념이라 할 수 있다."[2]

이 운동이 중요한 이유는 "성인 크리스천의 85퍼센트가 4~14세 사이에 예수님을 영접하였다"고 고백하기 때문이다. 복음 수용성이 가장 높은 세대는 마땅히 선교의 핵심 중의 핵심이라고 말할 수 있다.[3]

결혼 예비 커플 및 신혼 부부 제자훈련 프로그램

4-14 윈도우 사역에서 가장 큰 역할을 감당해야 할 자는 부모다. 그러나 이 운동을 주장하고 있는 미국의·이혼율과 한국의 이혼율은 다음 세대를 세워가는 가정이 무너지고 있음을 보여주고 있다. 미국인의 90퍼센트 이상이 평생 적어도 한 번 이상 결혼을 하고, 이들 중 거의 50퍼센트 정도가 이혼한다.[4] 심지어 그리스도인과 비그리스도인의 이혼율 차이도 거의 없다. 또한 재혼한 커플의 이혼율은 무려 60~75퍼센트에 달한다.[5] 이것은 한 번 결혼에 실패할 경우, 다시 성공하기 어렵다는 것을 보여준다.

---

2 http://www.koreact.co.kr/news/articleView.html?idxno=116
3 http://missiontimes.co.kr/?p=2727
4 David H. Olson 외 2명, 커플 체크업, 학지사, p. 43.
5 Resource Guide of Prepare-Enrich Inventory Kit, p. 20

한국의 이혼율도 심각하다. 2018년 통계청 기준으로 혼인 대비 이혼율은 40퍼센트가 넘어간다.[6] 미성년 자녀가 있는 부부의 이혼 비중도 전체 이혼 비중의 45.4퍼센트나 된다. 이 통계를 통해 알 수 있는 것은 다음 세대를 세워가는 대한한국 가정도 무너지고 있다는 사실이다.

그렇다면 무너지는 가정을 지키고 회복시키기 위해 가장 시급한 일 중 하나는 무엇일까? 나는 그것이 바로 결혼 예비 커플과 신혼부부를 위한 교육과 훈련이라고 생각한다. 북미주의 연구 결과, "결혼 예비 교육은 이혼율을 30퍼센트 정도 낮춰주고 전반적인 결혼 만족도를 향상시키는 것"으로 나타났다.[7] 또한 25년 이상 예심 법정에 재직한 제임스 셰리단 판사는 "자신의 성경적 원리에 대한 연구에서 결혼의 성경적 모델을 진심으로 따르는 부부는 이혼하는 것을 단 한 번도 본 적이 없다"고 말했다.[8]

이번 장에서는 올리브 선교회[9]에서 진행하는 결혼학교 프로그램을 소개하고자 한다. 결혼 예비 커플과 신혼부부 제자훈련의 가장 큰 목표는 이들을 결혼생활 가운데 일상의 기도자, 일상의 예배자로 세우는 것이다.[10] 그리고 선교하는 가정, 선교 지향적인 가정의 비전을 심어주는 것이다.

올리브 선교회에서 진행하는 결혼학교 순서[11]는 다음과 같다.

---

6 http://kostat.go.kr/portal/korea/kor_nw/1/1/index.board?bmode=read&aSeq=373728
7 David H. Olson 외 2명, 커플 체크업, 학지사, p. 23.
8 James E. Sheridan, A Blessing for the Heart (Adrian, MI: Marriage Done Right, 2004), p. 8.
9 예수님의 지상명령(마 28:18~20)에 순종하여 10-40 window 지역 사람들에게 복음을 전하며, 하나님의 문화명령(창 1:28)을 실현하기 위해 교육, 문화, 과학, 기술, 비즈니스 분야의 프로젝트를 수행한다.
10 일상의 기도자, 일상의 예배자로 변화되기 위해서는 광야훈련이 필요하다. 그 부분에 관한 이야기는 공저로 출간한 《비전 고민이 뭐니》 (김영한외 3명, 목양출판사)를 참고하면 도움이 된다.
11 협력하는 교회에서 결혼학교 강의를 요청하는 경우에는 주로 3. 성경적인 결혼관, 4. 삶의 적용 5. 개별 커플 상담으로 협력하고 있다.

① 성경적인 구속사관

② 성경적인 인생관

③ 성경적인 결혼관

④ 삶의 적용

- 프리페어 인리치 프로그램
- 가정예배

⑤ 개별 커플 상담 (소그룹 상담)

성경이 말하는 구속사관과 인생관을 가르치는 주된 이유는 많은 커플에게 인생의 목적과 목표를 그려주기 위해서이다. 땅 끝까지 복음을 전하는 수평적인 선교도 중요하지만, 다음 세대를 위한 수직적인 선교도 수평적인 선교만큼이나 중요하다.

커플들에게 이 큰 그림을 가르치며 선교하는 가정, 선교 지향적인 가정의 중요성을 깨닫게 해줌으로써 하나님의 나라와 의를 위한 가정으로 세워가는 일을 돕고 있다.

커플 교육 말미에는 항상 "누구를 섬길 것인가를 선택하라!"는 도전을 준다.

> 너희가 섬길 자를 오늘 택하라 오직 나와 내 집은 여호와를 섬기겠노라 하니 _수 24:15b

이 도전에 반응한 커플들에게는 결혼 후, 가정예배를 계속해서 드릴 수 있도록 지도하고 있다. 결국, 결혼생활의 주인이 누구인지 분명해야 결혼의 기초를 잘 세울 수 있다. 가정의 주인이 분명한 남편과 아내 사이에는 예수님이 계신다. 서로 예수님을 바라볼 때, 하나가 될 수 있다. 그리고 더 깊은 사랑의 관계로 나아갈 수 있다. 또한, 예수님을 바라보며 그분을 주인으로 인정하며 살아가는 부부는 어떤 고난과 역경도 이겨나갈 수 있다.

반대로 예수님이 주인 되지 않은 채로 사랑하다 보면 서로에 대한 애정이 메마르게 되고, 한계 상황이 왔을 때 쉽게 무너진다. 기초가 부실하기 때문에 많은 가정이 관계, 재정, 건강, 교육과 진로 문제가 닥쳤을 때 무너질 수밖에 없다. 그들의 기초가 예수 그리스도였다면, 하나님의 진리인 말씀이 기준이었다면 함부로 이혼하지 못했을 것이다. 더불어 예수님을 닮아가는 성숙한 가정이 되었을 것이다.

개별 상담을 통한 케어와 훈련

결혼학교를 들은 커플 중에 상담받기를 원하는 지체들은 개별적으로 상담을 해준다. 개별 상담은 '프리페어 인리치 프로그램'과 커플들의 개인 간증을 기초로 진행한다. 온라인 심리검사 결과를 토대로 현재 커플 관계의 상태를 진단해주고 이해시켜주는 일을 진행한 후, 성경에서 가르쳐주는 관계, 가정을 세우는 원리와 방법을 가르쳐주고 있다.

프리페어 인리치 온라인 커플 검사는 검사 시점에 커플의 관계에 대한 정보를 얻는 것이다.[12]

---

12 David H. Olson 외 2명, 《커플 체크업》(학지사), p. 20.

이 온라인 심리검사는 약 120개의 질문을 통해 커플의 관계를 살펴보며 건강한 관계에 대한 연구 결과를 토대로 15~20가지 관계 영역에 대하여 질문한다.[13] 보다 더 구체적인 설명은 프리페어 인리치 홈페이지에서 다음과 같이 소개하고 있다.

PREPARE/ENRICH 커플 관계 검사는 1977년 미국 미네소타에서 David Olson 박사와 동료들에 의해 처음 개발되었으며, 지속적인 연구개발을 통해 2008년 PREPARE/ENRICH-CV 내담자 맞춤형 온라인 검사로 개발 되었다. 결혼 만족에 대한 10개의 핵심 영역을 과학으로 검증한 유일한 검사이며, 전 세계에서 가장 많이 사용되고 있는 검사다.

한국인을 대상으로 한 연구에서도 검사의 타당성이 입증되었으며, 다양한 언어(영어, 한국어, 스페인어, 불어, 독일어, 중국어, 일본어 등)로 검사가 가능하다. 10여 가지 결혼만족 영역 외에도 커플과 가족지도, 4가지 관계역동척도, 5대 성격 요인을 알아보는 SCOPE 성격척도 및 개인 스트레스 척도 등을 통해 상담자가 체계적으로 커플을 진단할 수 있으며, 검사 결과에 따라 진행할 수 있는 커플 상담 자료를 함께 제공해 준다.

PREPARE/ENRICH 검사는 40여 년간 12개국 언어로 전 세계적으로 300만 쌍 이상이 검사를 받았다. PREPARE/ENRICH 검사에 대해 250개 이상의 연구가 이루어졌고, 1000개 이상의 연구에서 PREPARE/ENRICH 검사가 활용되었다.

---

13 같은 책 p. 21.

주요 개념

프리페어/인리치 검사를 통해 다음 6가지 핵심 주제를 점검하고 개선할 방법을 찾는다.

커플유형
결혼 만족을 구성하는 11개의 요인에서 커플이 동시에 만족하는 정도를 나타내는 긍정적 의견 일치 점수(PCA)에 따라 미혼은 4가지, 기혼은 5가지 유형으로 나눕니다.

관계역동
자기주장, 자신감, 회피성, 파트너 지배성의 네 가지 밀접한 영역의 관계 역동 척도는 상담자가 커플의 관계 역동을 이해할 수 있도록 돕습니다.

가족지도
가족의 친밀성과 유연성을 살펴봅니다. 친밀성과 유연성의 관계에 따라 25가지 가족체계 유형중 자신의 가족유형을 점검해봅니다.

헌신, 용서
상처, 배신, 또는 갈등이 있은 이후에 서로를 용서하는 능력에 대한 부부의 인식을 측정합니다.

스트레스
파트너별로 스트레스 요인을 확인하여 이에 대한 대처 방안을 생각해봅니다.

성격특성
S(사교성), C(변화), O(조직성), P(배려), E(정서적안정성) 등 5개 성격 요인을 파악해봅니다.

절차 및 설계

6가지 핵심과제를 통해서 커플의 상태를 진단하고 관계를 더욱 건강하게 만들 방법을 찾습니다.

커플의 관계 강점과, 성장 필요 영역 확인

의사 소통

갈등 해결을 위한 10단계

커플의 관계 강점과, 스트레스 관리

SCOPE 성격 특성

선택적 연습과제

프리페어/인리치 홈페이지에서 소개하는 개념과 과정[14]

---

14 프리페어 인리치 코리아 홈페이지 발췌 (https://enrichkorea.com/%ED%94%84%EB%A6%AC%ED%8E%98%EC%96%B4%EC%9D%B8%EB%A6%AC%EC%B9%98-%EA%B2%80%EC%82%AC-%EC%86%8C%EA%B0%9C/)

온라인 검사 결과가 나오면, 커플들의 신앙 간증문(나의 복음)을 기초로 개별 상담을 진행하는데 기본 상담 시간은 최소 3시간에서 12시간 정도다. 특별히 신앙의 기초가 튼튼하지 못하거나 심한 갈등이 있는 커플들은 6개월에서 1년 정도 주기적으로 만나면서 상담을 해주고 있다.

또한 갈등이 있는 커플 중에 신앙 훈련이 필요하다고 생각되면 소속된 교회에서의 신앙 훈련을 권면하거나 올리브 선교회에서 진행하고 있는 삶의 영성 제자훈련을 권면한다. 진리에 기초하지 않는 상담은 결국 커플들이 성경적인 가정을 세워가는 데 큰 도움이 되지 못하기 때문이다.

긍휼의 마음

커플 상담을 할 때 가장 중요한 것은 긍휼의 마음으로 함께하는 것이다. 나는 결혼 5년차 때, 부부 관계에 많은 어려움을 겪었다. 관계, 재정, 건강, 교육과 진로 문제에 있어서 내가 감당할 수 없을 것 같은 일들이 동시에 일어났기 때문이다. 캐나다 선교사로서 최선을 다해 살아왔다고 자부했으며, 내가 할 수 있는 최선으로 아내를 사랑했다고 생각했었는데 결과는 자꾸 나빠지는 것 같아서 마음이 무척이나 괴로울 때였다. 그때 우리 부부를 도와주었던 선교사님 가정이 있었다. 캐나다 유콘에서 사역하고 계셨던 그 선교사님은 아내와 아들을 그곳으로 초청해주었다.

선교사님 가정은 내 아내와 아들을 위해 매일 가정예배를 드려주고 기도하며 사랑으로 섬겨주셨다. 38일째 되는 날 아내와 아들을 데리러 그곳에 방문하였는데, 아내가 많이 회복된 모습을 볼 수 있었다. 그리고 아들의 건강하고 밝은 모습을 보니, 선교사님 가정이 어떻게 아내와 아들을 섬겼는지를 알 수 있었다. 그런데도 나는 그분께 감사하기보다는 그분과 많은 논쟁을 벌였다. 내게 사역을 멈추고 부부 관계의 회복을 위해 노력하라고 권면하였기 때문이었다. 당시 내가 섬기는 사역은 계속 확장되어 가고 있었고, 아내와의 갈등 이외에는 모든 일이 잘 풀려가고 있는 것같이 느껴졌었다. 하나님 나라와 영광을 위하여 극심한 고난 가운데서도 최선을 다하고 있다고 생각했었는데 사역을 멈추라고 하니 이해할 수 없었다. 선교사님께서 사역을 멈추라고 권면하실 때마다 선교사님이 내 상황을 이해하지 못하시는 것 같아 불편한 마음이 자꾸 커졌다.

떠나기 전날 선교사님 가정과 함께 예배를 드리고 서로를 위해 기도하는 시간을 가졌다. 그 시간에 나는 어떤 여인이 울고 있는 환상을 보았는데, 그 여인이 탈북자라고 생각했다. 그 당시 섬기고 있었던 선교 단체가 북한과 중국 조선족을 위한 사역을 하고 있었기 때문이었다. 그런데 나눔 중에 선교사님께서는 그 여인이 바로 내 아내라고 하셨다. 그리고 선교사님은 우시면서 이렇게 말씀하셨다. "내가 부족해서 하나님의 사랑을 형제에게 보여 줄 수 없어 정말 미안합니다. 그러나 하나님은 형제를 사랑합니다. 그러기에 아내와 하나 됨을 위해 잠시 사역을 내려놓고 멈춰야 합니다!"

나는 그날 저녁 홀로 선교사님 사택 밑에 있는 예배당에서 전심으로 기도하였다. "하나님, 그 여인이 정말 북한 여인이 아니고 제 아내입니까?"라고 물으며 간절히 기도하던 중 누군가가 서 있는 것 같아 얼굴을 들어보니 어둠 속에 한 사람이 서 있어서 깜짝 놀랐다. 자세히 보니 아내였다. 내가 기도하는데 추울까 봐 이불을 가지고 온 것이었다. 나는 그것이 기도 응답임을 알게 되었다. 결국 나는 사역을 멈추고 아내와의 관계가 회복될 때까지 유학생으로서 공부하는 자리와 가정예배 자리만을 지켰다. 3개월이 지나자 아내는 내가 연합 사역을 하는 것에 동의해주었다.

그리고 3년 후, 나에게 더 큰 프로젝트의 디렉터로 섬길 기회가 왔다. 그토록 꿈꿔왔던 '백두에서 한라까지' 프로젝트는 유럽, 북미, 중국에서 태어난 한인 2세들 또는 유학생들, 그리고 대한민국의 청년들과 함께 통일 한국을 바라보며 백두에서 한라까지 순례하며 한국의 영성을 배우는 프로그램이다. 광주 월광교회에서 'Love Jesus Love Korea'라는 이름으로 2년마다 개최된 다음 세대 선교대회였다. 드디어 내게 캐나다 디렉터로 헌신할 기회가 온 것이었다. 정말 흥분된 마음으로 선교회 동역자분들과 이 프로젝트에 대하여 회의하고 있는데, 갑자기 아내가 곧 둘째도 태어나기 때문에 내가 그 선교대회에 참석하지 않았으면 좋겠다고 말했다.

작년 여름에도 선교회를 대표해서 70일 동안이나 한국과 중국 선교여행을 다녀왔던 터라 고민이 되었다. 선교회 동역자들과 의논한 결과 나는 그 프로젝트에 참여하지 않기로 했다. 대신 다른 분이 그 역할을 감당하도록 했다.

나는 둘째 아이가 태어날 무렵 아내 곁을 지키며 미역국을 챙겨주고, 아이 기저귀를 갈아주고, 설거지, 빨래 등의 집안일을 힘껏 섬겼다. 아내가 그토록 행복해하는 얼굴은 처음 보는 것 같았다. 하나님께서는 더딘 것 같지만 더 빠른 길을 가르쳐 주셨다. 부부가 하나 되는 것은 더딘 것 같으나 하나님 나라의 확장과 완성을 위한 가장 빠른 길임을 배우게 되었다.

그때 이후 아내는 늘 나의 든든한 동역자이자 친구가 되어주었다. 나를 지지해주는 기도자가 되어주었다. 아이들도 나의 동역자가 되어주었다. 이 일은 몇 년 후 올리브 선교회의 사역 원칙 중 하나가 되었다.

■ 올리브 선교회 사역 원칙
① 빚지고 사역하지 않는다.
② 부부간의 동의가 없는 사역은 하지 않는다.
(부부간에 갈등이 있는 경우 회복될 때까지 사역을 중지한다.)
③ 예수님의 이름만 드러낸다.

흘러가는 긍휼의 마음

어느 날, 부부 관계에 어려움이 있는 사역자 커플이 찾아왔다. 그들은 이혼 절차를 밟기 위해 법원에 찾아갈 만큼 상황이 심각했다. 나는 이 부부를 섬기기 위해 가장 좋은 커피와 치즈 케이크 그리고 당시 강사비로 받았던 재정을 다 쏟아 부어 식사를 대접했다. 그리고 우리 가정은 다른 선교사 안식관에서 자고, 이 부부에게 우리 집을 내어 주었다. 집에서 결혼학교를 진행하며 프리페어 인리치 온라인 검사와 상담을 하고 함께 예배를 드렸다. 2박 3일 동안 최선을 다해 섬기면서 우리 공동체 예배에 초청하여 선교사님들의 위로와 격려 기도를 받도록 했다.

그들이 사역지로 돌아간 후 시간이 꽤 흘렀을 때, 그 사역자가 갑자기 전화를 해서 나에게 도움을 요청했다. 교회에서 담당하고 있는 교구에 이혼

직전의 부부가 있다는 것이었다. 아무리 생각해봐도 내가 돕기는 힘들 것 같다고 했는데 그에게서 이런 말이 돌아왔다. "목사님! 저희 부부도 헤어지지 않고 이렇게 잘 살고 있는데, 이 부부는 왜 안 되겠습니까? 방법을 알려주시면 이 커플의 회복을 위해 제가 섬겨보겠습니다!" 이 말을 듣는 순간 벅찬 감동이 밀려왔다. 부부 관계에 어려움이 있었던 자가 회복되어 또 다른 어려운 상황에 있는 부부의 마음을 이해하고 격려를 하는 귀한 자로 변화된 것을 볼 수 있었기 때문이었다. 이 귀한 사역자는 지금도 이혼 직전의 부부와 귀신들린 자들, 교회에서 돌보기 힘든 자들, 소외된 자들과 함께하며 최선을 다해 그들의 회복을 돕는 사역을 감당하고 있다.

커플 상담을 하면 이렇게 기쁘고 감사한 일들도 많지만 반대로 힘들고 지치는 일들도 많다. 한 가정을 세워가기 위해서는 시간, 에너지, 재정 등 많은 대가 지불이 필요하다. 때로는 상처가 많은 이들의 공격적인 말과 배신의 아픔도 견뎌내야 한다. 많은 상담을 하다 보니 상처가 많거나 깊은 상처가 있는 사람들에게서 일정한 패턴을 발견하게 되었다. 상처 입은 자들은 그 상처가 드러나면 자신을 보호하기 위하여 사실을 근거로 이야기하지 않고 주관적인 자기 생각으로 상대방들을 비난하고, 정죄하며 자신을 정당화하여 도망을 쳤다. 나에게 아픔을 주고 비난하며 떠나는 이도 있었다. 그것도 감당해야 한다. 다른 어떤 것보다 이 부분이 정말 힘들고 마음 아프다. 그러나 그들을 기다리며 하나님께서 치유해주시기를 기도하는 것이 목회자의 몫이라 생각한다. 내가 아닌 다른 목회자나 상담사를 통해서라도 그들이 치유만 될 수 있다면 그것이 주님이 기뻐하는 일이기 때문이다.

반면 내담자가 그 상처를 하나님 앞에 인정하고 자신의 회복을 위해 성령 안에서 기도와 말씀으로 함께하면 치유의 은혜가 있었다. 더는 그 상처가 내담자의 인생을 지배하지 못했다. 오히려 그 상처가 내담자의 거룩한 삶의 흔적이 되어 진리 안에서 자유로운 모습을 볼 수 있었다.

금식과 기도

많은 상담과 사역을 감당하면서 금식과 기도의 중요성을 깨달았다. 특별히 갈등이 있는 커플들을 상담하기 전에는 상담 시간의 두 배에 달하는 시간 동안 기도하며 상담 전날이나 당일 오전은 항상 금식을 했다. 내게 상담 전 금식과 기도는 상담의 주인이 하나님임을 선포하는 행위다. 상담사나 내담자 커플 모두의 주인이 예수 그리스도임을, 성령님께서 도와주지 않으면 올바른 상담을 할 수 없음을 인정하고 간구하는 행위가 바로 금식과 기도다.

그 커플들에게도 역시 자신들을 위해 기꺼이 기도해줄 기도자 두 사람에게 기도를 요청하라고 권면한다. 이런 금식과 기도가 있을 때, 하나님께서 은혜를 베풀어주셨다. 불가능할 것 같은 커플들의 마음을 만져주시고, 그들이 변화되는 것을 경험할 수 있었다. 법원에 이혼 서류를 들고 다섯 번이나 오가기를 반복했던 부부가 변화되었을 때에는 커플 상담의 주인이 바로 하나님임을 더욱 분명하게 알 수 있었다.

이처럼 사역에 있어서 기도가 중요함을 알지 못하는 이들은 거의 없을 것이다. 그런데 19세 이상 교회 출석 개신교인 500명과 목회자 300명을 대상으로 한 설문조사 중 "지난 1주일간 개인적으로 기도한 시간(예배 시간, 식사 시간에 하는 기도를 제외)은 얼마 정도입니까?"라는 질문에 대한 결과는 충격적이었다.[15] 30분에서 1시간이 가장 많은 24.5퍼센트를 차지했고, 10분 미만이 22.9퍼센트였다. 1시간 이상 기도한다는 응답은 19.2퍼센트에 불과했다. 80퍼센트가 넘는 기독교인이 한 시간 이상 기도하지 못하고 있다는 것이다. 더 안타까운 것은 "기도 시간을 확보하기 위해 어떠한 노력을 합니까?"라는 질문에 '특별히 하는 노력 없음'이 55퍼센트나 되었다. 이 결과는 예수님의 삶과 너무나 동떨어져 있다. 예수님은 습관에 따라 기도하셨다. 그리고 모든 사역을 마친 뒤에도 감람산에서 습관에 따라 기도하는 것을 쉬지 않으셨다. 예수님의 삶에서 모든 사역의 기초가 기도임을 알 수 있다. 우리도 기도해야 한다. 예수님의 제자를 세워나가기 위해서는 더욱 기도해야 한다.

앞으로 대한민국과 북한, 그리고 전 세계에 흩어져 있는 한인 디아스포라 동포들의 가정이 다음 세대를 위한 선교에 매진하여 영광스러운 예수님의 재림을 준비하는 복된 가정이 되기를 간절히 소망하며 기도한다. 더불어 예배의 세대, 성령의 세대, 통일의 다음 세대를 세우기 위한 주의 거룩한 가정들이 더욱 일어날 것을 믿음으로 바라보며 기도한다.

---

15 목회와 신학 2018년 4월호 특집 〈한국 교회 신앙의 현재와 미래〉

보통 첫 시간에는 카페에서 커피와 디저트를 같이 먹는다. 먹다 보면 자연스럽게 분위기가 좋아진다. 훈련 자체보다 중요한 것은 삶을 나눌 수 있는 관계의 형성이다. 깊은 삶의 이야기를 나누려면 서로를 좀더 이해하고, 받아들여야 한다. 그럴 때 자신의 생각, 경험, 믿음을 솔직하게 고백할 수 있다.

5장

제자훈련 현장
가이드

그러므로 우리에게 큰 대제사장이 계시니 승천하신
이 곧 하나님의 아들 예수시라 우리가 믿는 도리를 굳게 잡을지어다

히브리서 4:14

01
제자훈련 10계명

양육과 제자훈련을 진행할 때 기억해야 할 필수 사항들이 있다. 양육 혹은 제자훈련을 할 때 아래에 제시한 열 가지 계명을 지킨다면 훈련의 기초를 튼튼히 하고, 인도자와 훈련생 간에 신뢰가 쌓여 수료 이후까지 좋은 관계를 형성해 나가는 데 도움이 될 것이다.

1. 첫째 날은 오리엔테이션 시간을 가지면서 서로를 알아가도록 하라!

기계도 기름칠을 해야 잘 돌아가듯 양육이나 제자훈련을 할 때도 기름칠을 해야 훈련이 원활하게 이루어진다. 교재를 펴고 삶을 나누기 전에 서로를 알아갈 수 있는 시간을 통해 어느 정도 관계를 형성하는 것이 좋다. 그러면 어색함이나 거리감을 조금 덜고 포근한 느낌으로 나눌 수 있다.

첫 주에는 가볍게 서로 인사하며 교제를 나누고 훈련은 그다음 주부터 시작하는 것이 좋다.

보통 첫 시간에는 카페에서 커피와 디저트를 같이 먹는다. 먹다 보면 자연스럽게 분위기가 좋아진다. 훈련 자체보다 중요한 것은 삶을 나눌 수 있는 관계의 형성이다. 깊은 삶의 이야기를 나누려면 서로를 좀더 이해하고, 받아들여야 한다. 그럴 때 자신의 생각, 경험, 믿음을 솔직하게 고백할 수 있다.

오리엔테이션 때는 아래와 같은 내용들을 나누면 좋다.

- 서로 이름을 익힌다.
- 연락처를 나눈다.
- 제자훈련이 앞으로 어떻게 신행되는지 나눈다.
- 수료까지 잘 할 수 있도록 다짐하는 시간을 가진다.
- 궁금한 사항에 대해 편하게 질문하는 시간을 가진다.

요즘 사람들은 서로 관계를 형성하거나 무언가를 함께하기가 쉽지 않다. 포스트모던 시대이기 때문에 개인주의화되어 있어 같은 공동체 안의 지체들끼리도 서로 잘 모르는 경우가 많다. 서로가 서로를 낯선 이방인같이 느끼기 쉽다. 그래서 이와 같은 오리엔테이션 시간이 꼭 필요하다. 간혹 제자훈련 첫 시간을 M.T로 계획하는 교회도 있다. 함께 식사를 하고 밤을 보내면서 서로 깊이 알아가고 더 빨리 친해질 수 있는 장점이 주는 유익이 크기 때문에 이렇게까지 하는 것이다.

2. 두 가지 대화법과 질문법을 사용하라!

양육과 제자훈련을 할 때는 훈련생이 좀더 적극적으로 참여하고, 자신의 생각을 나누도록 해야 한다. 그러려면 두 가지 방법을 사용해야 한다.

첫째, 일방적인 가르침보다는 대화 형식으로 해야 한다. 이야기를 나눌 때는 인도자 자신의 이야기부터 나누면서 대화를 이끌어가면 더 좋다.

예를 들어, 상처에 대해 나눈다면 "저는 어릴 때 고아로 자랐어요. 그래서 상처가 좀 있었는데 하나님을 믿고 나서는 예전에 느끼던 공허와 외로움을 더 이상 느끼지 않게 되었어요. 형제님은 어떤 상처가 있었나요? 그 상처로 지금도 고통을 당하고 있나요?" 이렇게 자신의 아픔부터 나누어야 한다. 그렇지 않고 양육생이나 훈련생의 삶에 대해서 듣기만 하려고 하면 깊이 있는 나눔을 기대할 수 없다.

둘째, 지루하게 설명만 하려고 하지 말고, 질문을 던져야 한다.

대부분의 훈련생은 나눔이 익숙하지 않아 짧게 대답을 한다. 그럴 때는 세부 질문을 만들어야 한다. 좀더 구체적인 질문을 통해 양육생이나 훈련생이 다양한 각도로 생각한 후 답변하게 해야 한다. 예를 들어, "예수님을 구주로 믿으시나요?"라고 질문을 하면 양육생은 "네" 하고 짧게 대답할 것이다. 그러면, "언제 예수님을 믿게 되었나요?", "어디서 예수님을 믿게 되었나요?" 좀더 나아가 "예수님을 믿은 뒤 어려움은 없었나요?" 등 양육생과 훈련생의 신앙을 조금 더 오픈할 수 있는 다른 질문들을 이어가야 한다.

3. 훈련생의 눈높이에서 얘기하라!

훈련생에게 교회 용어와 성경 내용은 낯설 수 있다. 따라서 성경 말씀이 무엇을 의미하는지 쉽게 풀어주어야 한다. 본문 내용이 의미하는 단어가 무엇인지 설명해주고 때로는 다른 쉬운 단어로 바꾸어 설명해주어야 한다.

예를 들어, 요한복음 1장 1절을 살펴보자. 결코 쉬운 구절이 아니다.

"태초에 말씀이 계시니라 이 말씀이 하나님과 함께 계셨으니 이 말씀은 곧 하나님이시니라"

이 말씀을 설명할 때 '말씀'을 '로고스'로 대치해주고, 말씀(로고스)이 무엇을 의미하는지 이해하기 어려울 수 있으므로 "말씀"에 "예수님"을 넣어서 바꾸어 읽으면 좋다.

> ex) 태초에 (예수님)이 계시니라 이 (예수님)이 하나님과 함께 계셨으니 이 (예수님)은 곧 하나님이시니라

이렇게 훈련생의 눈높이에서 말하고, 생각하고, 풀어주도록 노력해야 한다. 성도들은 생각보다 성경과 교리적 내용을 모를 수 있다.

4. 훈련생이 아는 지식을 기반으로 하나님에 대해 설명하라!

사람들은 귀신의 존재를 믿는다. 그렇다면 영적으로 하나님의 존재를 이해시킬 수 있다. 그러니 어떤 일반적인 지식과 내용을 연결점으로 잡아 하나님에 대해 좀더 잘 이해하도록 설명해주어야 한다.

예수님은 비유를 통해서 그 당시 사람들이 알 만한 내용을 가지고, 쉽게 설명해주셨다. 그렇다면 우리도 훈련을 할 때 가르치는 내용을 아주 쉽게

설명할 수 있어야 한다.

훈련할 때 불가피하게 마주하는 상당히 어려운 교회 용어들이 있다. 영감, 정경, 무오성, 섭리, 작정, 유기 등의 단어는 신학을 한 목회자에게는 평범하게 보일 수 있다. 그러나 성도들, 특히 교회에 나온 지 얼마 되지 않은 지체들에게는 용어 하나하나가 높은 산처럼 느껴질 수 있다. 그러므로 이런 용어들을 좀더 풀어서 그들의 이해를 도와야 한다. 제자훈련은 대체로 분위기가 엄숙하다. 그리고 인도자들에게는 훈련생들이 성경에 대해 어느 정도는 알고 훈련 과정에 들어왔을 거라는 생각이 깔려 있다. 그래서 훈련생들이 정작 알고 싶고, 이해가 안 되는 부분을 알려 달라고 하거나 이해하지 못했다고 자신의 의사를 표현하기가 쉽지 않다. 그렇기 때문에 훈련시키는 자는 어떤 용어나 개념을 설명할 때 잘 이해했는지 확인할 필요가 있다.

외국에서는 교수가 강의를 할 때 종종 이런 질문을 던진다. "Are you with me?" 설명한 내용을 잘 이해했는지, 강의자를 잘 따라오고 있는지 묻고 또 묻는다. 이는 제자훈련을 할 때 인도자가 가져야 할 태도이다. 훈련을 따라오는 사람이 정말 잘 이해하고 있는지 점검해야 하고, 쉽게 설명하기 위해 노력하고, 고민해야 한다.

5. 성경의 교리를 일상생활의 예를 통해 설명하도록 하라!

예를 들어, 하나님의 자녀가 되는 것이 자신의 힘으로 되지 않는다는 것을 알려주는 교리를 설명할 때 이렇게 설명하면 좋다.

"자녀가 되는 것은 우리의 노력으로 되지 않아요. 이미 우리는 부모님의 사랑을 통해 이 세상에 태어났어요. 우리에게 특별한 자격이 있는 것은 아니지만 부모님께서는 어떠한 상황 가운데에서도 우리를 먹이고, 입히시면서 키워주셨죠. 이처럼 하나님의 자녀가 되는 것은 우리의 노력으로 되는 것이 아니에요. 이미 창세 전에 주님이 우리를 선택하시고, 자녀 삼아 주셔서 구원을 얻게 되었어요. 그렇기 때문에 우리는 자격이 없지만 하나님께서 보호하시고, 인도해주세요."

6. 질문을 4가지(관찰질문, 해석질문, 연구질문, 적용질문)로 나누어 생각하게 하라!

각 질문은 관찰, 해석, 연구, 적용질문으로 구성되어 있다. 어떤 질문은 성경 말씀을 관찰하고 나누게 되어 있다. 어떤 질문은 말씀을 읽고 해석해야 한다. 어떤 질문은 좀더 숙고하고 연구해야 한다. 어떤 질문은 각자의 삶, 공동체에 적용해야 할 내용이다.

1) 관찰의 예

"참 믿음의 대상은 누구이며 그 내용은 무엇인가요?" 이 질문은 관찰질문이다.

여기서는 예수님이 메시아이며 구원자이심을 말하면 된다. 이 관찰질문을 가지고 5분 이상 숙고하고, 연구하도록 할 필요는 없다.

2) 해석의 예

해석질문은 관찰을 넘어 본문을 좀더 깊이 읽고, 어떻게 봐야 할지 고민하는 단계에 필요하다. 예를 들어, 성경은 '소자를 실족하게 하면 연자 맷돌을 메고 바다에 빠지는 것이 더 낫다'고 하는데, 여기에서는 누가 연자 맷돌을 메고 바다에 빠져야 할지에 대한 해석이 필요하다.

이 본문을 3가지로 이해할 수도 있다.

(1) 어떤 사람들은 이 말씀을 읽고 실족하는 것은 비참한 것이니 소자가 연자 맷돌을 메고 그냥 바다에 빠지는 것이 더 낫다고 한다.

(2) 어떤 사람들은 소자를 실족하게 한 것은 큰 죄이기에 그렇게 실족하게 한 자는 반드시 연자 맷돌을 메고 바다에 빠지는 것이 더 낫다고 한다.

(3) 어떤 사람들은 실족하게 하는 것이 상당히 큰 죄임을 말하는 것이지 실제로 그렇게 죽으라는 말은 아니라고 해석한다.

이렇듯 한 본문을 두고도 다양한 시각이 존재한다. 그렇기 때문에 인도자는 훈련생이 진짜 예수님께서 하신 말씀의 의도가 무엇인지 파악하도록 해주어야 한다. 그렇게 생각하고, 해석을 유추하게 한 뒤 바른 해석을 알려줘야 한다.

3) 연구의 예

예수님께서 중풍병자에게 죄 사함을 받았다는 말과 일어나 걸어가라는 말 중 어느 것이 더 쉽겠느냐고 하셨다. 이런 내용은 단순 관찰과 해석을 넘어 시간이 걸려도 연구해야 한다.

이는 크게 3가지로 나누어 연구해보아야 한다.

(1) 단순히 죄를 사한다고 말씀하시면 문제는 심각해진다. 그 당시 예수님이 그런 말씀을 하신 것이 왜 문제가 되는가? 그 부분을 먼저 살펴보아야 한다.

(2) 초대 교회 당시에는 질병에 걸린 자는 죄가 있다고 생각하였다. 질병과 죄가 무슨 상관관계가 있는가? 이런 부분도 살펴보아야 한다.

(3) 쉽게 죄를 사하여준다고 하면 되는데 예수님은 "일어나 걸으라!"고 하셨다. 왜 단순히 죄만 사해 주신다고 하셔도 되는데, 질병을 고치려고 하셨는가? 이런 부분을 깊이 숙고해야 한다.

위에서 언급한 부분들은 성경을 본다고 해서 쉽게 알 수 있는 내용이 아니다. 제대로 이해하려면 초대 교회 당시 죄와 질병의 상관관계에 대해 조금 더 알아야 하고, 단순 죄 사함과 초월적 능력으로 질병을 고치는 것 중 왜 "일어나 걸어가라!"고 하셨는지 알아야 한다. 더 나아가 단순 죄 사함에 대한 언급이 당시 유대인에게 어떤 의미이며, 예수님께서 어떤 어려움에 빠지게 되고, 벌을 받게 되었는지 생각해야 한다.

7. 믿은 지 얼마 되지 않은 훈련생일지라도 어느 정도 신앙의 도전을 주도록 하라!

믿음이 적은 훈련생이라도 도전을 주고, 스스로 해결할 수 있는 과제를 줘야 한다.

예를 들어, 처음 훈련을 받는 사람이라도 훈련 기간 동안 하루 1장씩 말씀 읽기, 한 달에 한 번이라도 새벽예배 참석하기, 하루 5분이라도 기도하기 등을 결단하도록 해야 한다. 훈련의 단계가 높아지면 훈련 기간 동안 하루 7장씩 말씀 읽기, 매주 2번 이상 새벽예배 참석하기, 하루 30분 정도 기도하기 등의 과제를 내줘야 한다. 더불어 큐티 후 요약하기, 주일 말씀 요약하기와 같은 과제를 주는 것도 좋다.

인도자는 과제의 분량을 조절하는 데 각별히 주의해야 한다. 제자훈련은 훈련 기간에만 혹독한 유격훈련을 하듯이 해치우는 것이 아니다. 훈련이 끝난 후에도 스스로 우물을 파고 물을 마시도록 해야 한다. 그러기 위해서 훈련 때는 특별히 매일 말씀 묵상을 하도록 해야 한다. 그렇지 않으면 훈련이 마치고 나서는 모든 경건 훈련을 멈출 수 있다. 그러나 매일 묵상 훈련을 하게 되면 지속적으로 주님과 독대하게 되고, 말씀의 은혜를 누릴 수 있다.

제자훈련은 평생 훈련이 되어야 한다. 운동을 1~2년만 하고 그만두면 그동안 키운 근육을 유지하기 어렵듯이 제자훈련도 1~2년만 하고 멈추면 그 이후에 더 이상 성장과 성숙을 이루기가 쉽지 않다. 전문 헬스 트레이너는 자신의 근육을 유지하는 데만 매일 최소 1~2시간을 할애한다. 액션 배우 아널드슐츠 제네거는 자신의 근육을 유지하기 위해 하루 4시간 정도 운동을 한다고 하였다.

이렇듯 제자훈련을 마치고 졸업하는 데 의미를 두기보다 예수님의 제자로 평생을 살아가기 위한 훈련 기간이라는 태도로 임해야 한다.

8. 훈련을 하면서 서로 기도 제목을 나누라!

훈련을 하면서 같이 기도하는 시간을 가지는 것이 좋다. 서로 살아가는 이야기를 나누면서 자연스럽게 기도 제목을 들을 수도 있지만, 더 간절히 함께 간구할 기도 제목을 나누는 시간을 따로 갖는 것이 좋다. 그리고 기도 응답을 받은 것이 있는지 묻고, 서로 나누어야 한다.

훈련은 실제적이어야 한다는 점에서 훈련 시 직접 기도하는 시간을 갖는 것이 중요하다.

9. 마음속으로 생각할 시간을 주라!

가끔 훈련생들이 질문에 바로 대답을 못할 수 있다. 그렇다고 바로 설명을 해서는 안 된다. 질문에 대해 마음으로 느끼고 생각할 시간을 주어야 한다. 느끼고 생각하는 시간은 스스로 자문하고 숙고하는 귀한 시간이다. 그 시간을 빼앗아서는 안 된다. 인도자는 성급하게 답하지 말고 그 적막함을 즐길 줄 알아야 한다.

10. 신앙생활을 잘하기 위해 말씀을 삶에 적용해보도록 하라!

제자훈련 기간 동안 생활 과제를 내주는 것은 아주 좋다. 생활 과제로는 이런 것들을 제시하면 좋다.

1) 문자 혹은 카카오톡으로 은혜로운 말씀을 아는 사람에게 전달하기
2) 다른 사람의 기도 제목을 받고 기도하기
3) 리더 혹은 목회자와 식사하며 교제하기
4) 태신자와 차 마시며 신앙에 대해 나누기
5) 학교나 직장에 남들보다 5분 먼저 가서 환기하고 청소하기

매주 생활 과제를 하면서 성경적·교리적 지식만 키우는 것이 아니라 삶이 바뀌고, 성숙하도록 해야 한다. 양육과 제자훈련을 왜 하는가? 삶의 변화를 위해서 하는 것이다. 머리만 커지게 하고, 가슴이 뛰지 않게 하는 것은 바른 훈련이 아니다.

누구나 처음부터 양육과 훈련을 잘 인도할 수는 없다. 위에 소개한 내용

들은 모두 양육을 하면서 좌충우돌 실수와 실패를 통해 배운 작은 지혜들이다. 이런 것들을 교훈 삼아 교회의 양육과 훈련 속에 하나님의 말씀을 통해 삶이 변화되는 일들이 일어나기를 바란다.

02
제자훈련 시 주의점

양육·제자훈련 세미나 때 자주 받는 질문들이 있다. 이를 7가지로 추려 정리했다. 제자훈련 목회자라면 아래 질문들에 대한 답을 통해 효과적인 양육과 훈련을 하기 위해 주의해야 할 점들을 숙지해야 한다.

Q1. 시간이 부족할 때 몇 가지 질문 중심으로 진도를 나가도 되는가?

제자훈련이나 양육 소그룹을 진행할 때 교재에 나오는 질문을 다 다루기 쉽지 않을 때가 있다. 그렇다면 어떻게 인도하는 것이 좋을까?

답을 하기에 앞서 초창기에 겪었던 몇 가지 개인적인 실수를 고백하고 싶다. 나는 예전에 故 옥한흠 목사님이 집필하신 제자훈련 책을 교재로 사용할 때 질문을 선택적으로 다루었다. 한 과의 질문 중에서 내가 중요하다고 생각되는 몇 가지를 중심으로 나누곤 했다. 그 방법도 나름 여러 가지 유익과 은혜가 있었다. 그러나 나중에 제자훈련학교에서 제자훈련 각 과의 내용을 배우면서 기존의 인도 방식이 '저자의 의도'라는 중요한 점을 놓치고 있다는 것을 알게 되었다.

대부분의 성경공부 교재에는 전체 흐름을 통해 던져주는 저자의 명확한 의도가 있다. 그 전체를 먼저 파악하지 못한 상태에서 몇 개의 질문을 중심으로 인도하는 것은 음식 섭취에 비유하면 편식을 하는 것과 같다. 30년 이상 계속 수정해서 보완된 제자훈련 교재는 내가 생각했던 것보다 잘 구성되어 있었는데, 나는 그런 전체적인 그림을 보지 못한 채 인도했었다. 그 후로 먼저 교재를 분석하고 공부하는 것이 소그룹을 인도하는 것보다 더 중요하다는 것을 알았다. 교재 분석을 통해 명확한 저자의 의도를 파악하고, 훈련생이 전체를 균형 있게 배우도록 인도해야 한다.

나는 양육 교재 시리즈 《101-401 양육과 제자훈련》(도서출판 목양)을 집필할 때 여러 질문들을 삭제하기도 하고 더 필요한 질문들은 추가하였다. 그러면서 전체 챕터에 정말 필요한 질문들만 남겨두려고 수정, 보완하였다. 직접 교재를 만들면서 더 알게 된 사실이 있다. 각 과의 질문들은 전체 핵심에 도달하기 위해 모두 다루어져야 할 내용이라는 것이다.

그런데 그런 저자의 의도를 전혀 생각하지 않고, 10가지 질문 중 홀수 번만 다루거나 짝수 번만 다루는 것은 좋은 방법이 아니다. 저자의 의도를 알고, 각 질문을 아주 짧게라도 살펴보아야 한다. 그래서 전체적인 흐름을 놓치지 않는 범위 안에서 몇 개의 핵심적인 질문들을 다루는 것이 좋다.

나눔이 풍성해서 은혜를 받는 것도 중요하다. 그러나 더 중요한 것은 한 과에서 얻는 은혜가 아니라 전체적으로 균형 있게 성장하는 것이다.

Q2. 책 한 권을 다 마친 후 마지막 주는 어떻게 해야 하는가?

교재를 마치는 마지막 시간까지도 양육의 시간이라는 것을 기억해야 한다. 마냥 즐겁게 파티만 하고 헤어져서는 안 된다. 마지막에는 개인적인 이야기를 듣는 것이 좋다.

인도자도 훈련생에게 들어야 할 이야기가 있다. 몇 개의 질문을 던지고 그들의 피드백을 받아야 한다. 만약 네 가지를 질문하면, 다섯 번째에 한 가지를 권면해주는 형태가 좋다. 일일이 모든 문제에 답하지 않아도 된다. 삶의 변화가 있는 소그룹은 언제나 경청으로부터 시작된다.

첫째, "그동안 양육받으면서 감사했던 것은 무엇인가요? 하나님에게, 교회 혹은 목사님에게, 혹은 리더에게 하고 싶은 말은 무엇인가요?"라고 질문하라! 편하게 이야기해달라고 하고, 들으라! 글로 써달라고 하면 더욱 좋다. 그러면 나중에 천천히 읽고, 훈련을 수정, 보완할 수 있다. 초신자들도 의외로 좋은 피드백을 해줄 때가 많다.

둘째, 지금까지 양육 혹은 훈련을 받으면서 궁금한 것이나 잘 이해가 되지 않는 부분이 있었는지 질문하라! 훈련자는 잘 아는 내용이라 쉽게 여길 수 있지만 훈련생에게는 용어나 관념 혹은 교리적인 부분이 어려웠을 수 있다. 훈련생들에게 한두 가지 부탁하면 솔직히 나누어 준다. 그러면 인도자는 이것을 적어두고 다음 훈련 때는 반드시 특정한 과를 인도할 때 반영할 수 있어야 한다.

셋째, "양육받으면서 배우고, 실천하며 변화된 것은 무엇인가?"라고 질문해보라!

훈련 중에 성경과 교리적으로 알게 된 것만 중요한 것이 아니다. 훈련을 받으면서 훈련생이 어떻게 변화되고, 성숙했는지 나누도록 해야 한다. 그러면 훈련을 시작하기 전과 지금의 다른 점을 들을 수 있을 것이다. "저는 성경을 1장씩 읽기 시작했어요", "요즘 매일 잠시라도 기도하고 자요", "술친구들을 다 끊었어요."

여기서 주의할 점은 너무 억지로 변화와 성숙에 대해 나누라고 해서는 안 된다는 것이다. 억지스런 간증은 오히려 부담이 될 수 있다. 자유롭게 삶에서 어떤 은혜를 경험하고 도전이 되었는지 나누는 것이 좋다.

또 "나는 아무런 변화가 없어요"라고 주눅 들어서 말하는 사람들도 있을 것이다. 그때는 격려와 위로가 필요하다. 자신은 변화가 없어 보이지만 긴 시간 양육을 했다면 분명 그 안에 하나님의 역사와 말씀이 심겨져 있다. 그것이 아직 열매를 보지 못했을 뿐이다. 그때는 교역자가 보기에 그 훈련생에게 어떤 변화가 있었는지 구체적으로 이야기해주는 것도 격려가 될 것이다. 새들백교회 릭 워렌 목사는 《목적이 이끄는 삶》(디모데)에서 훈련을 통한 성숙을 다루면서 이런 이야기를 했다.

"우리가 원하는 자리에 도달하지는 못 했지만, 돌아보면 처음 있었던 곳도 아니다."

내가 원하는 곳까지 성장하지 못해서 답답할 때가 있지만, (누구나) 돌아보면 처음 훈련을 했을 때와는 조금 다른 내가 있을 것이다. 우리는 연약하지만, 부족하지만, 그렇게 조금씩 성장하고 있는 중이다.

넷째, "목회자, 인도자, 혹은 리더에게 하고 싶은 말은 무엇인가요?"라고 질문해보라! 훈련 기간 동안에는 앞에 선 인도자가 많은 얘기를 했지만, 마지막 과에서 인도자는 듣는 위치에 서야 한다. 훈련생이 그동안 느꼈던 것과 자신의 생각들을 진솔하게 얘기할 수 있도록 잠잠히 기다려주어야 한다. 이런 과정을 통해 지금까지 어떻게 훈련을 했는지 모니터링과 피드백을 받을 수 있다.

다섯째, 앞으로 어떤 교육과 훈련을 더 받을지 생각해보도록 권유하라! 잘 모르겠다고 하면, 무엇을 들으면 좋을지 설명해주어야 한다. 예를 들어 "성경 배우는 프로그램을 한 번 들으시면 좋겠어요. 그리고 12주 전도폭발 훈련이 있는데 너무 좋아요"라고 소개를 해주고 "시간을 내서 꼭 해보라"는 권면도 해야 한다. 뭘 더 배우고 싶은지도 한 번 물어보고, 꼭 들으면 좋은 교육과 훈련을 알려주어 다음 단계로 들어갈 수 있도록 해야 한다.

Q3. 소그룹 시간에 적극적으로 참여하게 할 수 있는 방법은 무엇인가?

각 과를 진행할 때 인도자는 훈련생이 참여하도록 기회를 주면 좋다.

"○○ 형제님이 1과 창조의 서론을 읽어주시겠어요?" 훈련생이 읽었다면 그 후에 읽어준 것에 대해 감사의 표현을 하고 다음으로 넘어가는 것이 좋다. 또 이렇게 연결해서 질문할 수도 있다. "간략히 어떤 내용인지 요약해주세요!" 또는 "이 글을 읽고 어떤 것을 느끼셨어요?" 그럼 자신이 아는 내용을 정리해서 말할 것이다.

"우리 몸에는 각각 여러 가지 기능을 가지고 있는 조직들이 있는데 그 조직들은 세밀하게 만들어져 있고 각각의 일을 하지만 하나이고, 그것을 사람이 만들기는 쉽지 않아요"라고 대답했다고 가정해보자. 일단, 자신의 생각을 나누어 준 것에 대해 칭찬을 하며 사랑의 마음으로 반응해야 한다. 그리고 훈련생이 수동적으로 참석하며 지루한 시간을 보내지 않도록 해야 한다. 질문을 읽게 하든지, 성경 구절을 읽게 하든지, 쉬운 질문을 주고 답변하도록 하든지 해서 훈련에 동참하도록 해야 한다.

또한 질문에 답을 할 때 틀렸다고 단도직입적으로 말하지 말아야 한다. 격려를 하고, 칭찬을 해야 다음에도 입을 열어 대답을 한다. 그럴 때는 이렇게 반응해야 한다. "대답을 잘 해주셔서 감사해요.", "예습을 잘 해오셨네요."

질문을 할 때는 특정 사람에게만 하지 않도록 주의해야 한다. "○○자매님이 한 번 읽어주겠어요?" 네, 감사해요. "옆에 있는 ○○ 자매님이 창세기 1장 1절을 읽어주시겠어요?" 이렇게 돌아가면서 할 수 있도록 부탁하라. 그리고 "와~ 너무 잘 읽었어요. 목소리가 너무 예뻐요." 등의 칭찬을 해야 한다. 그러면 훈련생은 기분이 좋을 것이고, 다음에는 더 잘 준비해 와서 읽고, 양육과 훈련에 더 적극적으로 동참하게 될 것이다.

Q4. 훈련생이 질문을 많이 할 때는 어떻게 해야 하는가?

양육생이나 훈련생들 중 특별히 질문을 많이 하는 지체들이 있다. 그럴 때 어떻게 해야 하는가? 그 질문들에 전부 답을 하다 보면 진도를 나갈 수 없기 때문에 어느 정도 가지치기를 해주어야 한다.

간혹 이런 질문을 하는 경우도 있다. "하나님은 선하다고 하시면서 왜 전쟁을 허락하셨어요? 아프리카 사람들은 복음을 듣지 못하는데 어떻게 해요?" 훈련 시간에 이런 질문들을 전부 다루면서 질문자의 의문을 불식시켜

주면 좋겠지만, 그렇게 되면 질문이 또 다른 질문으로 이어지면서 나누어야 할 교육 내용을 전혀 나누지 못할 수 있다.

예를 들어 창조에 대해 나눌 때는 성경을 통해 누가 이 세상을 창조하셨는지 알려주어야 한다. 그런데 변증적으로 진화론의 기원, 문제점, 대안을 전부 나누려고 하면 안 된다.

헤겔이 말한 정반합의 방식으로 교육을 하면 시간이 부족하다. 열띤 토론은 할 수 있지만 창조에 대해 나눌 때 정작 나누어야 할 창조주 하나님에 대해는 배우지 못할 수 있다. 진화론 이야기로 시작하여 진화론으로 끝나서는 안 된다.

간혹 '야 이거 재밌다. 오늘 토론이나 해보자'라고 생각하는 훈련생이 있을 수 있다. 훈련 시간을 토론으로 끌고 가면 믿음이 생기는 것이 아니라 더 강한 의문과 의혹이 생긴다.

물론 그 질문들을 다루기는 해야 한다. 그런데 언제 다루어야 할까?

예를 들어 제자훈련 초급 과정에서 진화론을 논하는 데 교육 시간을 다 할애하는 것은 지혜롭지 않다. 나중에 진화론을 다루는 과에서 진화론, 유신진화론, 지적 설계, 창조 과학의 문제점 등을 깊이 다루어야 한다. 그때 논리적으로 반박하며 점검해야 한다.

"네, 형제님 좋은 질문입니다. 그 질문에 대한 해답은 3권에 가면 나옵니다. 그때 좀더 깊이 있게 다룰 수 있습니다."

Q5. 교재 내용을 다룰 때 삶으로의 연결은 어디까지 다루어야 하는가?

단순히 표면적 질문 내용만 다루어서는 안 된다. 예를 들어, 창세기 1장 2절에 나오는 땅의 혼돈과 공허에 대한 본문을 다룰 때 창조 당시의 상황만 다루어서는 안 된다. 실제로, 사람 마음에 혼돈과 공허가 있다는 점과 그 혼돈과 공허 속에서 오는 외로움은 없는지 점검해주어야 한다. 그래서 우리는 주님이 필요한 존재임을 알려주어야 한다. 이렇게 성경의 내용과 실제적인 삶을 같이 논해야 한다. 성경공부 교재에 관찰질문이 있다고 해서 무조건 관찰질문만 해야 하는 것은 아니다. 관찰을 통해 삶으로 연결할 수 있는 내용이면 삶으로 들어가서 삶의 고백으로 나오도록 질문하는 것이 좋다.

인도자가 꼭 기억해야 할 것이 또 한 가지 있다. 바로 매 과마다 개인적으로 회개, 복음, 결단이 들어가 있어야 한다는 점이다. 성경적, 교리적 내용만을 배우는 데 중점을 두는 것이 아니라 복음이 무엇인지 배우고, 고백하고, 삶에 적용하도록 이끌어야 한다.

창조 전에 대해서 배울 때 첫째 날, 둘째 날, 셋째 날 무엇을 창조했는지도 중요하지만 예수님을 믿음으로 공허하지 않고, 천국의 평화를 이 땅에서도 누리고 있는지 점검해야 한다.

반면, 창조 후에 대해서 배울 때 사람이 번성하고, 정복하고, 다스리도록 하셨고, 하나님의 형상으로 지음받은 우리에게 하나님의 청지기로서 이 직무를 맡기셨는데, 이 문화명령을 어떻게 수행하고 있는지도 체크하는 것이 좋다.

우리가 하나님의 형상에서 비롯되었고, 위와 같은 명령을 받은 사실을 배웠다면 세상에 속박당하고 비참하게 사는 것이 아니라 힘 있고 영향력 있는 그리스도인의 삶을 살아가야 하는데, 지금 우리 모습이 그에 부합한지 나누도록 해야 한다. 만일 그렇게 하지 못하고 있다면, 단순히 정죄하는 분위기로 이끄는 것이 아니라 어떻게 세상에서 성경적 성도의 삶을 살아야 할지 가이드를 주어야 한다.

선지서는 처음과 중반에는 정죄를 하지만 마지막에는 희망과 소망으로 마친다. 마찬가지로 훈련을 할 때도 죄를 지적하는 단계를 넘어 어떻게 주님께 나아가 성화의 삶을 살면서 희망과 소망을 얻을지 숙고하고, 그에 대한 가이드를 제시해주어야 한다.

Q6. 훈련을 더 풍성하게 하려면 어떻게 해야 하는가?

수동적으로 듣기만 하지 않도록 궁금한 점에 대해 물어볼 시간을 주어야 한다. 훈련생이 이해되지 않는 부분을 다시 물어볼 수 있는 분위기를 조성하는 것은 인도자가 중요하게 여기고 챙겨야 하는 부분이다. 양육과 훈련을 하다 보면 정말 황당한 질문들도 받는다.

어떤 지체는 이런 질문을 했다. "목사님! 정말 궁금해서 그런데요. 도마가 주방에서 사용하는 그 도마인가요?" 이런 질문보다 더한 질문도 있었다. 교회를 꽤나 다녔다는 훈련생은 이런 질문으로 나를 당황스럽게 했다. "근데, 시편 기자가 방송국 무슨 기자인가요?"

생각보다 엉뚱한 질문이 많지만, 그래도 이렇게 1:1 혹은 소그룹으로 양육을 하면 정말 궁금해하는 것이 무엇인지 들을 수 있어서 좋다.

훈련을 더 풍성하게 하려면 단순히 성경 이야기와 교리에 갇혀서는 안 된다. 본문에 들어가기 전 성경 본문과 관련된 개인적 고민, 생각, 삶에 대해 나누어야 한다. 그런 뒤 성경 안으로 들어가 하나님은 그 부분에 대해 어떻게 말씀하시는지 듣고, 배워야 한다. 그러고 나서 다시 성경에서 빠져 나올 때 훈련생이 그 말씀을 구체적으로 삶에 어떻게 적용할지 묻고, 답하는 과정이 필요하다.

훈련생이 지식적으로 배우고 책을 덮도록 해서는 안 된다. 말씀 앞에 자신을 비추고, 자신의 모습이 어떤지 보고, 자신의 부족한 부분을 보완하여 그리스도의 장성한 믿음의 분량을 채우도록 해야 한다.

Q7. 어떻게 하면 훈련생과 삶을 나누는 시간을 가질 수 있을까?

훈련생과 처음부터 삶을 깊이 있게 나눌 수 있을까? 실제적으로 잘 안 될 수 있다. 그래서 처음에는 짧게, 단순한 삶부터 나누어야 한다. 그러다가 점점 익숙해지면 그때 좀더 길고, 깊이 있게 나누면 좋다.

훈련과 나눔을 할 때는 정해진 시간에 시작하고, 마쳐야 한다. 간혹 빨리 마치고 집에 가고 싶어 하는 훈련생들이 있다. 그런 사람들을 너무 오래 붙잡고 있다가 질리게 하면 다음 훈련에는 오고 싶어 하지 않을 수 있다. 훈련하는 시간도 훈련할 때 지켜야 하는 중요한 요소 중 하나이다. 은혜가 된다고 해서 어느 날은 너무 길게 하거나, 어느 날은 짧게 대충하고 마무리하는 일은 되도록 없어야 한다.

훈련생과 말씀 중심으로 훈련을 할 때 너무 힘들지 않을지 고민하는 인도자가 있다. 그런 인도자는 훈련생이 믿음의 수준이 낮다고 생각하거나, 성경적 지식이 없다고 여겨서 단편적이고 표면적인 이야기만 하려고 하는 경향이 있다. 그러나 목회자는 훈련생이 영적으로 성숙할 수 있도록 말씀을 차근히 읽고, 그 내용을 삶에 적용하면서 나누도록 해야 한다.

가르치는 입장에서는 늘 접하는 내용이기 때문에 훈련생이 그 내용을 다 이해했다고 생각하기 쉽다. 그러나 훈련생은 처음 접하는 내용일 수 있다는 점을 간과해서는 안 된다. 그러므로 말씀을 읽고, 훈련생이 어떻게 느끼고, 생각하는지를 나누도록 해야 한다.

예를 들어, "수고하고 무거운 짐 진 자들아 다 내게로 오라 내가 너희를 쉬게 하리라"(마 11:29)는 말씀을 읽은 뒤에는 주님께서 우리가 주님께 오기를 원하신다는 것과 세상이 줄 수 없는 안식을 주시기 원하신다는 내용이라는 점을 알려 주어야 한다. 그리고 어떤 무거운 세상 짐이 있는지, 인생의 멍에가 있는지 나누도록 해주어야 한다.

가르치는 자가 이미 평안과 은혜를 누리고 있으면 훈련생의 삶에서 일어나는 하나님의 역사를 간과하기 쉽다. 예를 들어, '안식', '쉼'과 같은 단어를 처음 들은 훈련생들은 그 단어에 익숙한 사람이 느끼는 것과 온도차가 클 수 있다. 가르치는 자에게는 큰 감흥이 없는 단어가 훈련생들에게는 신선한 충격으로 다가올 수 있다. 그 부분을 가르치는 자가 잘 잡아내면 자신의 과거나 현재의 상황을 나누는 기회가 된다.

"형제님, 자매님이 안식을 누릴 수 있어요." 이 한마디가 아무 말도 아닌 것 같지만 훈련생이 이 말을 들으면 마음이 포근해지고, 하나님이 주시는 평안과 자유를 느낄 수 있다. 그러면 신선한 충격을 받아 자신의 과거나 현재의 상황을 자연스럽게 나눌 수 있다.

마르틴 루터는 로마서 1장 17절을 읽고 인생의 자유함을 누렸다. 이 한 구절을 통해 '이신칭의' 교리를 깨닫고, 수많은 종교의 타락 가운데 기독교가 타락하지 않도록 종교개혁가로 거듭났다. 그를 통해 교회를 바꾼 것은 수많은 구절이 아니었다. 한 구절이었다. 한 구절!

제자훈련 중 성령 하나님에 대한 체험을 나누는 시간이 있었다. 나는 훈련생들에게 아직 성령 하나님에 대한 경험이 없을 줄 알았다. 그런데 그건 나의 착각이었다. 훈련생들은 성령 하나님을 정말 깊이 만나고 있었다.

여러분이 제자훈련을 인도할 때 때로는 이렇게 생각할 수 있다. '이런 나눔을 해야 할까? 이것을 이해할 수 있을까? 너무 딱딱하지 않을까?' 그런데 성경 말씀에 부딪혀서 성경적 삶을 살 수 있도록 적용하도록 하는 것은 너무나 중요하다. 예를 들어, 십일조를 다룬 부분, 여인을 보고 음욕을 품지 말라고 말씀하신 부분, 그리고 원수를 사랑하고, 기도까지 하라고 하신 부분은 읽기는 하지만 실제 생활에서 간과할 수 있다.

그러나 훈련을 할 때는 인도자와 훈련생 모두 힘들 수 있지만 시간을 갖고, 훈련생이 겪게 될 말씀의 파워를 간과하지 말고, 말씀 자체에 집중해 적용하도록 노력해야 한다.

히브리서 4장 12~13절은 이렇게 말한다.

[12]하나님의 말씀은 살아 있고 활력이 있어 좌우에 날선 어떤 검보다도 예리하여 혼과 영과 및 관절과 골수를 찔러 쪼개기까지 하며 또 마음의 생각과 뜻을 판단하나니 [13]지으신 것이 하나도 그 앞에 나타나지 않음이 없고 우리의 결산을 받으실 이의 눈 앞에 만물이 벌거벗은 것 같이 드러나느니라_히 4:12~13

훈련생이 하나님의 말씀 앞에 바로 서 있게 되면 제대로 변화된다. 그보다 더 훈련생 자신을 제대로 보고, 새롭게 하고, 경건하게 할 방법은 없다.

03
제자훈련 간증

　제자훈련은 결코 쉬운 과정이 아니다. 마치 신앙생활 중 고3 시기를 지나는 것과 같다. 그러나 그 시기를 지나고 간증문을 쓰도록 하면 꼭 힘든 순간만 있었던 것은 아니라는 사실을 알 수 있다. 눈물을 흘리며 간증을 나누는 모습을 보면 제자훈련을 받는 동안 하나님이 주신 은혜는 말로 다 할 수 없다. 교만하고, 이기적인 자신을 깨뜨린 시기이기도 하고, 영적으로 성장할 뿐 아니라 성숙하는 기간이었음을 알 수 있다. 제자훈련의 중요성을 다시 인식하고 보람을 느끼게 한다는 점에서 간증은 인도자에게도 적지 않은 영향을 미친다. 이번 장에서 소개하는 간증들을 통해 독자들도 같은 은혜를 받기 원한다.

그리스도인의 정체성을 깨닫다

젊은이 제자훈련 간증

저는 기독교인 가정에서 태어나 어릴 때부터 교회에 나가고 교회에서 자랐다고 해도 과언이 아닌 유년기를 보냈습니다. 그렇지만 제가 교회와 기독교, 성경에 대해서 명확하게 아는 것은 아무것도 없었습니다. 칭찬 받기 위해 주기도문을 암송했고, 성경은 동화책 속 이야기 정도로만 다가왔습니다. 예수님에 대한 이야기, 그분의 죽으심과 부활도 어려서 여러 번 들었음에도 조금도 마음에 다가오지 않았습니다. 그렇게 의무감과 습관으로 신앙생활을 해오던 저는 지구촌교회 대학지구 안에서 변화되기 시작했습니다. 목장 안에서 만난 목원들이 먼저 다가와 말을 건네며 따뜻하게 배려해준 덕분에 어느덧 제 마음이 열리기 시작했고, 서로를 위한 진실된 기도에 그들의 마음이 느껴졌습니다.

그러면서 제 안에 신앙에 대한 궁금증이 생겨나기 시작했습니다. 그리고 목자님의 권유로 제자훈련을 신청했습니다. 분명 스스로 기대하는 마음으로 신청을 했는데도 불구하고 부담감도 크게 느껴졌습니다. 제자훈련을 받을 때는 다른 사람들과 함께 시간을 보내는 차원을 넘어서 마음과 생각을 나누며 이야기를 해야 했기 때문입니다. 어릴 적부터 제 마음이나 아픔은 숨겨야 하는 것이지 다른 사람과 공유하는 것이 아니라고 여겼습니다. 그렇게 평생을 살다 보니 언제부터인가 제 자신의 마음과 아픔조차 모르고 살고 있다는 것을 알게 되었습니다. 그래서 첫 수업에서 신앙 간증문을 작성하는 것부터 너무 어렵게 다가왔습니다.

그러나 훈련을 거듭할수록 저에게 변화가 시작되었음을 느낄 수 있었습니다. 먼저는 이전에는 없던 성경에 대한 확신을 가질 수 있게 되었습니다. 성경에 대한 폭넓은 지식이나 이해를 떠나 성경이 정말 사실이고, 하나님께서 우리를 위해 남기신 선물이며, 편지라는 확신과 함께 감사할 수 있게 되었습니다.

둘째로는 기도가 무엇인지에 대해 알게 되었습니다. 사람마다 기도에 대한 정의가 다를 수 있지만 명확하게 알게 된 것은 기도는 하나님께서 우리에게 주신 선물이라는 것입니다. 동시에 기도가 단순하게 우리의 필요를 구하기만 하는 것이 아니라 하나님과 교제하고 소통하는 수단이라는 것을 알게 되었습니다. 그리고 교회를 오래 다녔지만, 교회를 다니지 않는 사람들과 다르지 않게 바라던 것만 말하던 저의 기도가 감사의 기도로 바뀌게 되었습니다. 저는 이미 많은 것을 받았으며, 선하신 하나님께서 언제나 저와 함께하신다는 확신이 생겼기 때문입니다.

마지막으로 삶을 나누는 것에 대한 유익과 기쁨을 알게 되었습니다. 이 시간이 좋았던 이유는 제 이야기를 하는 것보다는 다른 사람들의 이야기를 듣는 시간을 통해 많은 것을 느끼고 배울 수 있었기 때문입니다. 그중에서도 저는 제자훈련을 담당하신 교역자의 나눔을 통해 제일 큰 은혜와 감사를 경험했습니다. "이렇게까지 진실하게 나눌 필요가 있으신가?"라는 생각이 들 정도로 본인의 다양한 경험이나 생각들을 이야기해 주셨기 때문입니다. 그래서 저의 이야기도 보다 열린 마음으로 할 수 있게 되었고, 스스로를 제대로 바라볼 수 있는 계기가 되었습니다.

그 외에도 성경 구절 암기나 꾸준한 QT, 감사의 발견, 성경책 가지고 다니기 등 일상에서도 하나님을 생각하고 묵상하는 훈련은 말씀에 대한 의미를 발견하고 그리스도인의 정체성을 세우고 지켜가는 데 많은 도움이 되었습니다. 훈련은 신앙생활이 학교에서의 삶과 교회에서의 삶이 구별되는 것이 아니라 연결되고 이어지는 것이라는 참 의미를 깨닫는 과정이었습니다.

제자훈련을 통해 제 안에서 정말 많은 변화가 일어났습니다. 무엇보다 하나님 앞에서나 다른 사람들 앞에서 "저는 그리스도인입니다"라고 말할 수 없었던 제가 스스로 "나도 그리스도인이구나!"라는 것이 깨달아진 것은 훈련을 통해 얻은 가장 큰 변화입니다. 하나님의 사랑도, 예수님의 희생도 몰랐던 저를 포기하지 않으시고 끝내 하나님의 사랑과 복음을 알게 해주신 하나님께 감사드립니다.

_지구촌교회 사공태호

말씀으로 무장하는 날들

젊은이 제자훈련 간증

제자훈련을 시작하면서 하던 일을 그만두었다가, 5월 말에 들어서 새로운 일자리를 구했습니다. 제자로 살아가는 삶에 대해 배우면서, 다시 사회로 나가는 것이 두렵기도 했습니다. 과거에 나를 힘들게 했던 사람들, 나를 무력하게 만드는 우울함이 다시 나를 무너뜨릴 것만 같았습니다. 그동안 배우고 확신한 제자 된 삶을 실천할 수 없을 것만 같은 불안함이 깊어졌지요. 그때 나를 붙잡아준 것은 다름 아닌 나를 향한 많은 중보기도와 경건훈련이었습니다.

매일 아침 출근길에 나는 하나님을 만나며 무장합니다. 가끔은 신분당선을 타면 19분 만에 도착할 거리를 분당선을 타고 45분을 돌아가곤 합니다. 그럴 때면 지하철 맨 끝 칸 빈자리에 앉아서 조용히 큐티를 합니다. 그날 나에게 주신 말씀을 읽고 또 읽습니다. 사람들은 '왜 저렇게 유난이지?' 하는 눈빛으로 나를 쳐다보지만 이젠 두렵거나 눈치조차 보이지 않습니다. 늦잠 자기를 좋아하는 내가 그 시간을 너무 사모하게 되었습니다. 그날 나에게 주신 찬양을 들으며 하나님께 오늘도 나에게 묵상하고 또 묵상할 말씀을 허락해달라는 기도를 드린 후 큐티를 합니다. 그러면 불안해하던 나는 온데간데없고 오직 하나님을 찬양하기에 기쁜 나의 마음이, 가벼운 발걸음으로 하루를 살아가게 합니다.

새로 구한 일자리가 많은 사람을 만나야 하고, 바쁜 곳이라 몸은 고되지만, 저는 찬양을 흥얼거리며 일하고 있습니다. 스스로 생각해봐도 내 힘으로 살아가고 있지 않다는 것을 알 수 있습니다. 매일 집에서 누워 있으면서도 힘들다며 칭얼거리던 내가 하루하루를 힘있게 살아가는 것은, 말씀으로 무장하는 그 힘 때문입니다.

_지구촌교회 백예은

한 영혼을 살리는 훈련의 열매

Xee 전도폭발훈련 간증

제게는 한 살 어린 남동생이 있습니다. 오랜 기간 우울증을 앓고 있어서 가족 모두가 힘들어 하는 상황이었습니다. 동생은 우울증 때문에 자신의 목숨을 하찮게 여겨 소동을 일으킨 적도 있었습니다. 사람들을 두려워해 어울리기를 힘들어했습니다. 또 우리의 생각으로 이해를 하려면 도저히 이해가 안 되는 말과 행동들을 해서 사랑할 수 없는 존재였습니다. 그랬기에 저는 동생과 말 한마디 하지 않았고, 무관심으로 동생을 바라보며 방치하였습니다.

동생은 매우 똑똑하고 이성적이며 자기 생각이 강한 아이입니다. 그런 성격에 우울증까지 더하다 보니 사람들과 관계 맺는 것을 매우 힘들어했습니다. 믿는 집안에서 자랐지만 자신의 신념과 자기 자신을 믿지 신은 절대 믿지 않겠다고 말하는 아이였습니다. 저는 이런 동생에게 복음을 전한다는 것은 불가능한 일이라고 생각했습니다. 하지만 제자훈련 이후 Xee 전도폭발 강의를 들으면 들을수록 동생에 대한 마음이 커지며 동생을 치유하실 분은 주님뿐이라는 생각이 강하게 들었습니다. 그래서 동생에게 Xee를 통해 복음을 전할 기회를 달라고 기도했습니다. 하지만 동생에게 복음을 전하기 위해 같이 밥 먹고 카페에 가서 잠깐 이야기를 하자고 말을 건네는 것조차 저에게는 큰 도전이었습니다. 그래도 용기를 내어 동생에게 내일 밥을 사주겠다며 마지막에 슬쩍 'Xee 전문'[1]을 듣는 것에 대해 이야기하였습니다. 역시나 동생은 단번에 거절하며 복음은 좀 그렇다고 말하였습니다. 사실 단번에 될 것이라 생각하지 않았기에 하나님의 타이밍을 기다리겠다고 기도하며 편한 마음으로 다음 날 동생과 식사를 하였습니다.

식사를 하던 중 갑자기 동생이 어제 이야기했던 복음을 들려달라며 관심을 보였습니다.

---

1 Xee 전문은 복음을 제시하는 도입부터 예화, 결신까지의 내용이다.

당연히 복음을 전하지 못할 것이라고 생각했던 저는 당황함과 동시에 기쁜 마음이 넘쳐 마음속으로 기도하며 복음을 전했습니다. 동생은 처음부터 끝까지 잘 들어주었습니다. 비록 결신은 하지 못하였지만 의미 있는 대화를 많이 나눌 수 있었습니다. 동생은 신이라는 존재에 대해 철학적이고 논리적으로 접근해 생각보다 많은 질문을 저에게 던졌습니다. 동생에게 제가 왜 하나님을 믿는지, 삶의 행복이 어디에 있는지 등 정말 깊은 이야기를 할 수 있었습니다. 동생이 결신을 하지는 못 했어도 일단 복음의 내용을 들려줄 수 있어 너무 감사했고, 동생의 깊은 생각을 들을 수 있어 그 또한 감사했습니다.

얼마 후 동생이 저에게 누나가 말한 교회에 나가보고 싶다고 말했습니다. 그 순간 저는 너무 놀라고 당황했습니다. 동생은 어릴 때부터 수많은 권유에도 교회에 가기를 꺼려했습니다. 그래서 교회를 궁금해하기 시작했다는 사실이 정말 놀라왔습니다. 동생은 대학부의 한 캠퍼스 목장에 배정받아 목장생활을 한 지 이제 2주쯤 되었습니다. 항상 동생에게 복음을 어떻게 전해야 할지, 그리고 용기를 어떻게 내야 할지 고민이었는데 하나님께서 저에게 적절한 타이밍과 용기와 지혜를 주셔서 복음을 전할 수 있게 하셨습니다.

'다소 딱딱해 보이는 Xee 복음 전문으로 누군가가 구원을 받을 수 있을까'라는 편협한 생각을 한 적도 있었지만, 그것은 단지 사람의 생각에 불과했습니다. 하나님은 우리의 만남과 짧은 순간을 통해 역사하시고 한 영혼을 바꾸실 수 있다는 사실을 온 몸으로 깨달았습니다. 동생은 여전히 마음이 아프고 사랑이 필요한 아이입니다. Xee를 통해 그런 동생을 만져주신 하나님의 은혜에 정말 감사합니다. 또한 누군가에게 복음을 들려주기 전에 내가 훈련을 통해 다시금 하나님의 복음을 알게 하시고 깨닫게 하시며 도전하게 하심에 감사합니다. Xee 훈련을 통해 하나님께서 복음을 전하기 위한 기도에 어떻게 응답하시는지, 그리고 제가 얼마나 하나님과 더 친밀해질 수 있는지 깨닫게 되었습니다. 이번 학기 나에게 이러한 하나님의 역사하심을 보여주시고 새로운 깨달음과 풍성한 감사를 허락하신 하나님께 이 모든 영광을 돌립니다.

_지구촌교회 김슬기

예수님의 희로애락을 함께 느끼다

젊은이 제자훈련, Xee 전도폭발훈련 간증

저는 작년 3월 끝 무렵 처음 교회에 오게 되었습니다. 그즈음의 저는 제가 하고 있는 것도, 제 앞길도, 제 존재도, 그 모든 게 흐릿하게만 느껴졌습니다. 흘러가는 시간 속에 둥둥 떠다니는 느낌으로 살고 있었습니다. 아침 일찍 일어나 학교에 가서는 멍하니 시간을 보내고, 늦은 저녁 지친 몸으로 버스를 타고 집에 갈 때에는, 내일도 오늘과 똑같은 하루가 반복된다는 권태감에 시달리며 어떠한 소망도 없이 집으로 향하곤 했습니다.

또한 어릴 적부터 켜켜이 쌓아온 아버지와 오빠에 대한 상처 때문에 가족은 제게 그저 같이 사는 사람일 뿐이었습니다. 그래서인지 저는 틈만 나면 술 마실 친구들을 찾았고, 만취할 때까지 마셔서 아무 소망도 찾을 수 없는 현실을 잊으려 했습니다. 혹은 애써 연애 상대를 만들어 그곳에서 소망을 찾으려 했습니다. 하지만 연애도 술도 그 어떤 것도 제 안에 자리 잡은 구멍을 메울 수가 없었습니다.

그러던 제가 어딘지 특별해 보이는 사람을 알게 되었습니다. 그분은 겉으로는 저와 다를 것 없이 평범한 일상을 살면서도 저와는 다르게 선명하게 삶을 살아내고 있었습니다. 어떤 일을 하더라도 중심이 있는 것처럼 보였고, 말하지 않아도 느껴지는 방향성이 있었습니다. 그분이 신앙이 있는 분이라는 걸 알게 된 후로 제가 내심 부러워하던 모든 것의 비결이 그분이 믿고 있는 하나님께 있다고 확신하게 되었습니다. 저는 그분이 살아가는 모습이 너무 부러워서 이곳에 오게 되었습니다. '가족 같은 목장'을 바랐고, 바람대로 사랑으로 대해주는 사람들을 만나 많이 생소했지만, 가족에게도 사랑받지 못하는 나를 진심을 다해 사랑해주는 사람들 덕분에 저의 마음이 조금씩 열렸습니다.

어느 날, 기도 중에 여전히 아버지가 싫었던 제게 하나님은 아버지를 용서하라 하셨습니다. 착각이겠거니 모른 척하기에는 제 스스로는 절대 할 수 없는 생각이었습니다. 그래서 정말 너무 받아들이기 힘들었지만, 큰 용기를 내어 그날부터 아버지께 말을 붙이게 되었고, 그날 이후로 태초부터 저와 함께하셨던 하나님을 느끼며 살게 되었습니다.

그동안 어떤 것으로도 채울 수 없었던 제 안의 구멍이 그제야 메워지기 시작했습니다. 하나님이 나를 사랑하시는 게, 내가 하나님을 알고 소통할 수 있다는 게 너무 기뻐서 고민의 여지도 없이 2학기에 제자훈련을 신청했습니다. 그즈음엔 감사하게도 하나님께서 제가 어떠한 부족함을 느낄 새도 없이, 모든 걸 채우고 또 채워주셨고 그래서 감히 내 삶에 어떠한 어려움이 찾아올 거라고는 상상하지도 못 했습니다. 하나님이 그럴 분이 아니라고 혼자만의 착각을 했던 것도 같습니다.

그래서 또 고민의 여지없이 다음 학기에 Xee 전도폭발훈련을 받기로 결단했습니다. 그러나 올해가 되고부터 제가 한 착각이 귀엽게 느껴질 만큼 골치 아픈 일들이 많이 생겼습니다. 그래서 Xee를 시작하면서부터 이미 지쳐 있기도 했습니다. 'Xee가 전도훈련인 만큼, 전도에 초점이 맞춰져 있을 텐데 내가 과연 이런 마음으로 다른 이들에게 하나님을 소개할 수 있을까, 그럴 여유가 있을까?' 하는 생각에 사로잡혀 처음엔 훈련에 집중하지 못하기도 했습니다.

그러나 그 역시 제 생각일 뿐이었습니다. Xee는 남을 살리는 훈련이기도 하지만, 나를 살리는 훈련이기도 했습니다. 저는 Xee를 통해서 흐릿하게 느끼던 복음의 정수를 경험하게 되었습니다. Xee 전문을 반복적으로 보고 곱씹다 보니 내 죄를 더 깊이 묵상할 수 있었고, 하나님의 사랑과, 십자가의 능력까지 더 깊이 깨달을 수 있었습니다.

또한 전도에 주저하는 마음이 들어 수료에 욕심내지 않겠다고 생각할 때에도, 하나님께서는 상황을 열어주셔서 과외를 해주고 있는 학생과 믿지 않는 어머니께도 복음을 전할 기회를 허락해주셨습니다. 제 얘기를 들을 때에 사뭇 진지하던 그들의 눈을 바라보며 감격을 느꼈고, 조금이나마 하나님께 마음을 여는 모습을 보며, 이들도 하나님께 다시 돌아올 수 있을 거라는 소망을 품을 수 있었습니다.

특히, 노방전도를 나갔을 때가 잊히지 않습니다. 하필 비가 거세게 내리는 궂은 날씨에 공원으로 배정되어 나가야 했습니다. 그럼에도 운동을 하는 한 어르신께 용기 내어 접근했을 때, 그분은 비를 맞아가면서도 기꺼이 복음을 들어주셨습니다. 결신 기도까지 마치신 후에 그 분은 원래 항상 아침에 운동을 하시다가 그날만 고민 끝에 그 시간에 나와 운동하게 되었다고 말씀하시며 여기서 우리를 만나 복음을 듣게 된 것이 하나님의 계획인 것 같다고 하셨습니다. 그때, 실수 없으신, 선하신 하나님을 다시 한 번 경험했고, 복음의 힘을 느낄 수 있었습니다.

Xee 전문에 '예수님은 우리가 느끼는 희로애락을 똑같이 느끼면서 사셨지만 죄를 짓지는 않으셨습니다'라는 부분이 있습니다. 요즘은 예수님이 이 땅에서 느끼셨던 희로애락에 대해 묵상을 하게 됩니다. 예수님과 함께하겠다고, 그 길을 기꺼이 따르겠다고 외치는 그동안의 저는 비겁하게도 예수님이 느꼈던 기쁨과 즐거움만 함께하려 하고, 분노와 슬픔은 모른 척하려 했습니다. 그래서 감당하기 힘든 일이 닥칠 때면, 하나님께 왠지 모를 배신감을 느끼기도 했던 것 같습니다. 예수님이 경험한 수많은 고난과 핍박을 외면하려 했던 것입니다. 이번 학기에 훈련자로 섬기면서 예수님과 함께하겠다고 외쳤던 제 약속이 실재가 될 수 있기를 바랍니다. 또한 날마다 나의 부족함과 죄를 깨닫고 기꺼이 십자가에 가까워지기를 소망합니다. 이 모든 영광을 하나님께 올립니다.

_ 지구촌교회 황유진

일상에 변화를 맞이하다

삶의 영성 제자훈련 간증

신자로서 구원의 은혜를 받았음에도 삶에 기쁨과 변화가 없고 안일한 신앙생활을 이어가던 중 동신교회 아포슬 청년부의 훈련 프로그램인 양육 기초에서 지도 강사님으로 오신 지현호 선교사님을 알게 되었습니다. 선교사님은 캐나다에서 목회학과 커플 상담을 공부하셨고, 양육 기초 프로그램에 참여하는 사람들 중에서 원하는 사람에게 커플 상담을 해주신다고 하셨습니다. 당시 교제하던 분과 여러 가지 어려움들을 겪고 있던 터라 커플 상담을 받게 되었습니다. 선교사님은 제가 말이 없고 어둡고 자연스럽지 못한 부분이 있어서 그러셨는지 저에게 많은 사람들을 만나 사회 경험을 쌓아보라는 제안을 하셨고, 커플 상담을 몇 차례 하던 중에 제자훈련을 권해주셨습니다. 올리브 선교회 선교사님들의 기도에 힘입어 삶의 영성 제자훈련에 참여하게 되었습니다.

처음에는 말씀을 읽는 훈련이 되어 있지 않아 어려움이 있었지만, 아침에 일어나 제일 먼저 말씀부터 읽고 일과를 시작하니 하루를 더욱 활기 있게 보낼 수 있었습니다. 가장 큰 변화는 말씀을 마음에 새길 수 있었다는 점입니다.

주께 힘을 얻고 그 마음에 시온의 대로가 있는 자는 복이 있나이다_시 84:5

소망 되시는 주님을 마음에 품고 올리브 선교회 회원들, 협력 선교사님들과 함께 저를 주님께 의탁했더니 신기하게도 내 안의 어두운 것과 부정적인 생각들을 떨쳐버릴 수 있었습니다. 뿐만 아니라, 주위 사람들과의 관계에도 변화가 생겼습니다. 특히 가까이에서 저를 보는 남자친구가 그 변화를 보면서 신기해했고, 남자친구와도 이전의 어려웠던 관계가 조금씩 호전되는 것을 느낄 수 있었습니다. 저와 같은 변화를 체험하고, 십자가 복음 위에 자신을 비춰보고 주님께 온전히 삶을 드리기 원하시는 분들에게 이 훈련을 적극 추천하고 싶습니다.

_동신교회 이선영

부록

신앙	구원 확신	있다 없다 모르겠다		확신 근거	
	경건 생활 (1주 기준)	성경(장)	QT		기도 (대략 분)
	전도 (년 기준 몇 명)		암송 (주 기준 몇 구절)		
	선교 경험	해외 (횟수지역)	국내 (횟수/지역)		
	신앙훈련 내용				
	공동체를 섬긴 경험				

			캠퍼스 / 목장	캠퍼스 목장
이 름 (식별기호)	( )			
가족 사항		전공학과		
주요 관심사/취미		기도 후원자	1.	
			2.	
본인의 장점				
부족한 점				
VISION				
제자훈련에 대해 기대하는 점 (기도하는 것)				

신앙	구원 확신	있다 없다 모르겠다		확신 근거	
	경건 생활 (1주 기준)	성경(장)	QT		기도 (대략 분)

※ 제자훈련 OT 모임 때까지 작성하여 제출해주세요.

| 제자훈련 목자 추천서 |

훈련 신청자 이름			캠퍼스 / 목장		
목자 이름					

특이사항 (아는 만큼) 성장 과정 목양하며 느낀 점 등					

기 질	다혈(활발)	담즙(강직)	우울(진지)	점액(평온)
주요 관심사 취미				
장 점				
단 점				

태 도	성 실 성	나쁨 1　2　3　4　5　보통6　7　8　9　좋음10
	정 직 성	나쁨 1　2　3　4　5　보통6　7　8　9　좋음10
	적 극 성	나쁨 1　2　3　4　5　보통6　7　8　9　좋음10
	긍 정 적	나쁨 1　2　3　4　5　보통6　7　8　9　좋음10
	인 내 심	나쁨 1　2　3　4　5　보통6　7　8　9　좋음10
	감 정 통 제	나쁨 1　2　3　4　5　보통6　7　8　9　좋음10

신앙	구원 확신	있다　없다　모르겠다	확신 근거	

개인 평가 정리 (전반적인 내용과 위 사항에 없는 내용)

※ 목자가 작성하여 제자훈련 담당 교역자에게 직접 제출해주세요.

_____ 님

전도폭발훈련을 받는 _____ 님의 기도 후원자가 되어 주시겠습니까?

전도폭발훈련 기도 후원자로 지원해주심을 감사드립니다. 전도폭발훈련 중에 가장 중요한 것 중 하나는 기도 후원 사역입니다. 전도 현장은 영적 전투의 최전방입니다. 출애굽기 17:8~13에 보면 기도 후원의 대표적인 인물이 등장합니다. 그들은 아론과 훌입니다. 아멜렉과의 전쟁에서 모세의 양팔을 끝까지 붙들어주어 마침내 승리할 수 있었던 사건은 중보자의 중요성을 잘 보여주고 있습니다. 아래 내용을 참고하셔서 전도폭발훈련에 기도 후원자로 참여해 주시기를 부탁드립니다.

기도제목

1. 하나님께서 친히 임재하셔서 역사하시고 복 주시는 훈련이 되게 하소서.
2. 훈련생(자)들이 이번 전도폭발훈련을 통해서 하나님 나라의 비전을 보게 하소서.
3. 매주 찬양, 강의, 시범, 공개 보고회가 은혜롭게 진행되게 하소서.
4. 훈련을 방해하는 사탄과 악한 영의 모든 세력들을 물리쳐 주소서.
5. 현장 실습에서 복음의 능력과 성령의 능력을 체험하고 구원의 역사가 나타나게 하소서.
6. 훈련 기간 동안 하나님께서 모든 환경을 다스려 주옵소서(날씨, 가정, 직장, 재해, 건강 등).
7. 훈련자, 준훈련자, 훈련생에게 성령 충만, 집중력, 이해력, 암기력을 더하여 주소서.
8. 훈련자들과 훈련생들이 서로 세워주면서 팀이 복음을 위해 잘 단합하게 하소서.
9. 훈련자들이 잘 준비된 시범과 모범을 보이게 하시고 훈련생들을 기쁨으로 섬기게 하소서.
10. 단계 교사들에게 성령의 지혜와 능력을 주셔서 잘 가르치고 전달할 수 있게 하소서.
11. 시범자들에게 담대함을 주시고 실수가 없게 하소서.
12. 교사들이 그룹에서 훈련자(생)들을 겸손함과 부지런함으로 섬기고 잘 관리하게 하소서.
13. 이번 학기 전도폭발훈련 사역을 통해서 하나님의 나라가 확장되고 오직 하나님께서만 영광을 받으소서.

나는 전도폭발훈련의 기도 후원자로서
위와 같이 기도하는 일에 힘쓸 것을 약속합니다.

전도 대상자 선정 요령

- 전도폭발훈련에서는 3명(훈련자, 훈련생, 훈련생)이 한 조가 되어 현장에서 이루어지는 현장 훈련이 중요합니다.
- 전도 대상자를 최대한 확보해주시고, 효과적인 복음 제시가 이루어질 수 있도록 기도로 준비해주시기 바랍니다. 훈련 초기에는 훈련자가 복음을 전하며 훈련생은 참관하게 되며 훈련이 진행되면서 조금씩 동참해서 함께 복음을 전하게 됩니다.
- 조원들과 함께 방문할 수 있는 시간과 거리를 염두에 두시기 바랍니다.
  (먼 곳에 사는 분이실지라도 가까운 곳에 오셔서 만날 수 있으면 가능합니다.)
- 교회에 출석 중인 자라도 확신이 없어, 점검이 필요하다고 판단되는 분을 대상자로 할 수도 있습니다.
- 가족, 목장원, 친척, 친구, 이웃, 직장 동료, VIP 등
- 무엇보다 기도하며 대상자를 모집해주시기 바랍니다. 현재 보이지 않는다고 할지라도 전도의 열정과 믿음의 눈으로 보면 보일 것입니다.
- 최선을 다해 7명의 신상을 기록하여 개강일에 제출해주시기 바랍니다.

---------- 절취선 ----------

전도 대상자 명단

_____ 조

작성자 성명 :   전화번호 :

번호	이름	전화번호	주 소 (간략하게 적어 주세요) 예 : 용인시 수지구 신봉동	특이사항
1				
2				
3				
4				
5				
6				
7				
※				

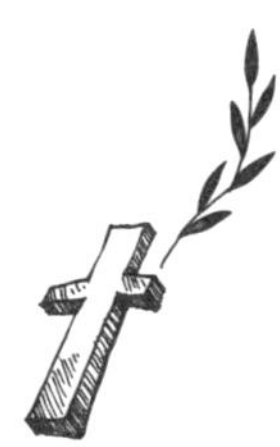